智慧的山嶺

世界最大佛學院，五明佛學院朝聖之旅

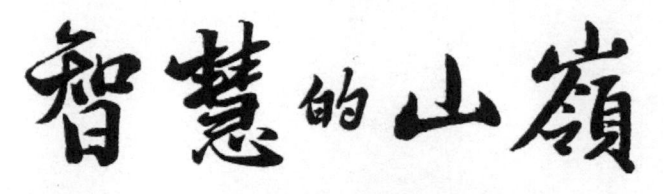

作者｜翁林澄
　　　達娃拉姆（採訪撰文）

第一章 · 緣起——神奇的呼喚　15

第二章 · 缺氧的天堂——邁向聖地　29

作者簡介

翁林澄

　　出生於花蓮縣鳳林鎮的客家農村子弟。鳳林，以「長壽村」、「校長村」聞名，同時也有「國際慢城」的美譽，擁有慢活與長壽的生活態度與特色。族群以客家人為主，豐富的人文環境培育出了近 200 名校長，同時，也是日本人移民花蓮的主要移民村。由於自小生活清苦，成長於如此環境的農家中，所以培養了堅毅、努力的性格。年輕時，特別是在當兵期間，因為遠派至金門，已藉由軍旅生活的苦樂、名利，以及面對同袍的死亡，開始思考生命的意義。

　　青年時期已積極參與公共事務及關心社會群體利益，並獲選為優秀青年。除了藉由參加政黨活動發揮個人的影響力外，也致力於民間基層許多社會團體活動。曾於中山樓舉辦國際青年商會中華民國總會第 32 屆全國年會，籌組財團法人十大傑出青年基金會的成立與活動執行，隨後策劃兩岸大學生研習營系列活動，促進兩岸新一代青年文化交流與互動，推動當代青年邁向國際化。

　　目前已將屆耳順之年，希望能持續舉辦青年交流活動，期許新一輩的年輕人能夠有與社會對話的能力，解決問題的能力，以及培養高尚的品德，進一步關心社會與國家政治。此外，也希望藉由佛法的弘揚，提昇社會的文化素質，而非只是經濟面的發展，讓青年能成為一個真正有能力的人。而當下自己的功課則是：思考現代人心靈壓抑的問題如何解決？如何改善、提昇社會思想與精神層面的正能量？

採訪撰文

達娃拉姆

　　藏傳佛教徒，多年行走於安多、衛藏與康巴藏區，有一群如同家人般的藏族兄弟姐妹；亦曾到訪南印度藏人屯墾保護區。過去曾任職於兩廳院等表演藝術相關單位，現任國立臺北藝術大學國際交流人員。著有《旅人·達娃拉姆》（茉莉出版社），長期於部落格「達娃拉姆旅人日誌」發表行旅心得與文章。

自 序

　　我致力於兩岸青年、青少年的交流，迄今已逾 24 年了。因為長時間遊走兩岸，有許多的機會認識各方不同領域的朋友。在 1993 年時，於北京王府井的夜晚走進了一家小店，聽到了百字明咒，帶給我內心極大的震憾。同時間，莫名被一捲掉下的紙砸到頭，打開看原來是文成公主帶至拉薩的釋迦牟尼佛 12 歲等身像法照。因緣之門，好像就在此時悄悄的打開了。我後來結識了北京文化界的何春潮先生，因為承諾協助他與當時在臺灣的上師龍迦仁波切聯繫，因而讓一連串的因緣找到了它的答案。

　　正是因為龍迦仁波切，我開始進入佛門的學習，並於 2012 年夏天成立了「中華寧瑪巴五明佛學會」。除了協助仁波切順利取得他的臺灣身分證，更成就了後來與仁波切及 102 位法友一同前往四川，踏上造訪甘孜藏族自治州、新龍「烏金咕嚕寺」與色達「五明佛學院」的朝聖之旅。此行不但圓了我一心嚮往藏區朝聖的宿願，同時也協助弘法在外許久的仁波切得以返鄉探望他所屬寺院──烏金咕嚕寺以及所領養

的 60 多名小僧人，並前往朝拜少年時學習的寺院──色達喇榮五明佛學院。

龍迦仁波切，康區藏人，青少年時為如意寶晉美彭措法王的弟子，也是慈誠羅珠仁波切與索達吉仁波切的同門師兄弟。自己的本寺為位於甘孜新龍的烏金咕嚕寺，擁有 700 多年的歷史，也是蓮花生大士的聖地之一。後來因為師承使命而選擇到印度弘法，輾轉到尼泊爾才來到臺灣。仁波切當時雖然中文沒有很好，但我因多次參與他主持的法會，近距離觀察其為人，在過程中感受到他的慈悲願力而深受感動，故而發願護持並在台灣成立佛學會。

非常感恩如此因緣的安排，讓我在青少年時期思索的問題：生命的意義，開始找到它的方向。我從 20 幾歲便開始積極參與各項社會公共事務與黨務活動，看盡了許許多多人生中的苦樂與名利場的勝敗競爭。這些對境所給予我的啟發，以及自己在現實生活中所遇到的各式各樣問題與困境，都讓我想回到最簡單的生活，思考及探索生與死的課題。因此，我從兩岸青年、青少年交流的職責，開始衍生了想走進推廣佛法的這條道路，不僅希望持續與青年對話，更希望能將寶貴的佛法讓更多年輕人認識它的好。

　　目前階段性的任務圓滿，我已任期屆滿將佛學會會長的責任卸下，全心全意沉潛、專心實修。藉由難得的朝聖行，將自己學習與觀察的心得記錄下來與讀者結緣，以這樣的方式利益群眾、推廣佛法。修行與現實，兩者往往是矛盾且無法兩全的。如何能在現實環境中，感悟佛法的核心精神，進而達到個人修行的實踐，正是我目前希求鑽研的重心。

　　我常常想，佛法如此的好、如此的珍貴，可惜真正瞭解它的人並不多，反而誤解它，造成迷信的更多。現在是 21 世紀，如何能以更世俗化、善巧的方式，讓大眾看到佛法的要義，使之更趨現代化，將利他精神推廣出去？我也希望透過這本書，鼓勵青年朋友能夠透過獨立理性思考的方式來培養信仰。能懂得珍惜人身與孝順父母，重視人與自然的和諧，並涉獵倫理、科學範疇的知識與探索未知的世界。由於人身難得，我們擁有如此的暇滿人身，更應該謹記「天生我材必有用」，好好去實踐，做有利社會國家的事。

　　這本書也可以做為未來規劃到色達喇榮五明佛學院朝聖的工具書。此中，我將與讀者分享行前規劃及籌備，可能遇到的困難與障礙，如何克服等。同時也將分享烏金咕嚕寺的所見所聞，晉美彭措法王與色達五明佛學院的故事、喇榮溝

裡的修行人如何將生活與實修結合,以及僧俗二眾在佛學院的學習情況等。我也藉由此書拋出「生與死」、「佛學與科學」、「生活與實修」這三個課題,讓我們一起探索、思考與面對。

在此也呼籲相關單位能重視心靈改革對於一個社會的文化價值,甚至是區域發展力所產生的重要影響。對於能夠穩定人心,使社會永續發展藝術文化活動能予以推廣及發揚。而對於一些藉由宗教名義進行騙財、騙色的「不法份子」,管理當局也能有應對的配套措施加以懲誡或警世。透過此書,希望讓更多對藏文化有興趣的年輕人或欲前往五明佛學院參訪、學習的法友得以獲得相關資訊,更期許世人藉由親近佛法得以淨化心靈,沒有恐懼。

翁林澄於台北,2016 年 9 月

▶ 龍迦仁波切與作者一家合影。

▶ 大團體照

第一章

· 緣起／神奇的呼喚 ·

一場朝聖之旅的緣起

因為一張拉薩大昭寺的釋迦牟尼佛 12 歲等身像（由唐朝文成公主與吐蕃松贊干布成婚時帶到拉薩）法照落下敲了我的頭，開始了接下來一連串殊勝的因緣。它除了好像按下某個開關，將所有的一切開始接軌起來外，也好像引領我走進了學習佛法的這條道路。後來，每當回想起這一切，還是覺得不可思議，同時也覺得特別感恩。於是在 2007 年時，我助印了兩萬多張的 12 歲等身像法照，以「月牙泉文化會議所」為名，與大眾結緣。它於我的意義深且重，彷彿也述說了旅程的緣起。

在 90 年代時期，我因為當時北京大學友人的引薦，認識了私人招待所中「后海王府」的老闆——何春潮先生。他為人低調，與他結識多年，期間完全不曉得原來他是位藏傳佛教徒。直到多年以後，一次我要回台灣，他突然向我提起，可否替他聯繫及探望在臺灣的上師龍迦仁波切。當時也沒有什麼特別的感受，覺得就是幫朋友完成一件他的願望，並幫他們彼此間互帶一些禮物及問候。於是我爽快的答應了，返臺後便與我的內人一起搭乘才剛開通不久的高鐵到臺中去拜

見這位傳聞中的大師。

　　抵達仁波切位於臺中的中心住處後，我對於他屋內那傳統藏式且有點昏暗的風格，感覺到非常的新鮮，也引起了我極大的好奇心與興趣。由於我們都是第一次接觸到藏人，特別又是一位佛學大師，我們什麼禮節也不懂，但這位仁波切和他的侍者，卻對我們相當禮遇。他們操著濃厚的藏式中文口音，努力的要與我們溝通，讓我印象十分深刻。當然，他也交待給我一些物品，包括藏傳佛教儀軌的物件，讓我帶到

北京給春潮先生。因此，建立了不可思議的因緣。

　　基於對宗教信仰神祕力量的探索，以及為了能讓龍迦仁波切在新龍烏金咕嚕寺所照顧的小僧人們能與外界，特別是臺灣的信眾接觸與互動，我開始有了組織朝聖文化團來讓他們能進行交流與對話的想法。於是讓我萌生了想創立佛學會的念頭，心想，以藝術文化交流名義來舉辦，應該會更妥當。

　　於是我集結了幾位朋友，與他們討論我的想法，並徵求仁波切的同意，在開了幾次會議之後，我們在 2012 年的 6 月正式向內政部登記成立了「中華寧瑪巴五明佛學會」。之所以成立佛學會，除了希望能透過佛學會舉辦一些利益社會的活動外，當然最重要的，是想幫仁波切解決在臺灣居留十多年卻始終「身分不明」的困境。透過多次困難重重的努力，終於，我們依法幫仁波切拿到了身分證。自此他也就可以安心的當一位有宗教自由的臺灣人，致力於佛法的弘揚。

　　就在佛學會順利成立後不久，我便向仁波切提出，希望他能帶領我們前往他的本寺「烏金咕嚕寺」以及他少年時學習的「喇榮五明佛學院」參訪朝聖。當然也是順勢讓仁波切能一圓多年離鄉得以返鄉的宿願。於是一切就這樣的展開了全程計劃……仁波切開始構思朝聖路線，由他故鄉的年輕僧

人負責聯繫當地的一切。

　　而我們也就開始聯絡仁波切在兩岸各地的弟子們，著手報名參加的組團庶務。

行程路線

此次朝聖行程有主要兩大重點：新龍烏金咕嚕寺與色達喇榮五明佛學院。我們的行程共安排了十天，分享如下：

7/24	第一日	臺灣桃園國際機場／北京／成都【宿成都紫扉酒店（春熙路）】
7/25	第二日	成都一日／開會及自由行【宿成都紫扉酒店（春熙路）】
7/26	第三日	成都／峨嵋山／達大渡河口（川西最深峽谷）／瀘定鐵索橋【宿新都橋】
7/27	第四日	新都橋／折多山（山淨煙供活動）／塔公寺－塔公草原（草原野餐）／爐霍／甘孜【宿康橋旅館】
7/28	第五日	甘孜／拖壩鄉／新龍－＊烏金咕嚕寺【宿烏金咕嚕寺】
7/29	第六日	＊烏金咕嚕寺（參加蓮師法會）【宿烏金咕嚕寺】
7/30	第七日	新龍／色達－＊喇榮五明佛學院／色達【宿色達旅館】
7/31	第八日	色達／爐霍／道孚【宿道孚旅館】
8/1	第九日	道孚／康定／雅安／成都【宿成都旅館】
8/2	第十日	成都（武侯祠購物街－藏式文物）－雙流機場／臺灣桃園國際機場

籌備

一切自己來：102 人的團體旅行規劃

籌辦之時，我們原本預計人數不超過 100 人，但報名實在太踴躍，最後總共有 102 人參加，包括了臺灣、北京、廣州、廈門與河北廊坊等 5 個地區法友報名。102 人如何解決在藏區的吃、喝、上廁所和住宿問題，這對我們而言，是非常具有挑戰性的。人數其實持續增加中，我們也不得不截止報名。幸好大家出發前，發揮了團隊分工默契，特別是北京的師姐非常能幹，她負責掌管財務和議價，讓行程得以順利。

由於仁波切的慈悲，他不希望我們花太多錢，在藏區當地的開銷，盡可能幫我們談到負擔最輕的金額。所以每位成員除了機票自行負責外，個人十天所有預算開銷只有 3,500 到 4,000 人民幣（約不到台幣 20,000 元）含參訪峨嵋山的門票、三餐、住宿及交通。

我們的行程，完全不假旅行社之手，每一個環節都由成員們自己來執行，包括規劃、報名與聯繫。雖然出發前，看

似一切順利，但其實後面真正等著我們的考驗不少。由於藏區不像一般城市，飯店或餐館都不能事前預訂。很多時候，我們是邊走邊決定，抵達當地之後才開始找住宿和用餐的地點，隨時都要能有臨機應變的智慧與泰然自若的心情來面對無法預測的情境。

　　雖然出發前，已經讓成員做了許多的心理建設與準備，但實際上，每個人對於當地的想像不同，所產生的期待值也不盡相同。

▶ 前往學院所在地——色達。

朝聖路線（黃線）

困難與障礙

　　首先，一個大團體出行，一定會面臨這麼多人如何吃、喝、拉、撒、睡的問題。在很多情況是無法預期的條件下，要讓所有人都滿意是不可能的。我們只能盡可能滿足每個人最基本的需求。例如，當抵達色達縣城的時候，發現許多餐館不是客滿就是空間太小，102 人只能在同一間餐館分批用餐。身為總團長的我，只好私下和仁波切商議，讓那些比較容易計較的「修行人們」先用餐。其他比較好溝通的成員則先放牛吃草，讓他們到街上去逛街或遊山玩水，再約定好回

▶ 困難與障礙：戶外廁所與簡便飲食，隨處是考驗。

來用餐時間。

　　像這樣的情況，主要都是在於如何觀察與應變，並與成員「溝通」。當然，這些較容易計較與執著的成員所發生的故事其實不少。到達寺院參訪後，會有人常掛念一定要見到某某仁波切，法會擠成一團只是為了搶個好位子，或是擠到前頭與仁波切拍合照等。又或是住的地方缺水，因為平常在臺灣的生活一向舒適與優渥慣了，情緒起伏特別大，我們還得想辦法安撫與解決。此外，也有不少人希望能住在五明佛學院內的旅館，但因為朝聖客實在很多而訂不到房間，只能住到色達縣城的旅館，這點也必需向他們仔細說明。由此，也可以看到許多尚在修持中所執著的問題。

　　除了人的問題外，最主要的另一個問題來自於交通。藏區內路況不好，路面脆弱，常會遇到修路工人在修修補補的情況。我們必須先探聽接下來的路況是否沒問題，若遇到修路，常常需要在一大早修路工人還沒上班前就得出發，八點前需及時通過該路段。除了多數路況不好之外，又要面對高原反應的考驗，不斷趕路，常讓許多人吃不消。因為許多外在條件不佳，仁波切常感內咎，吃飯時還幫忙擦桌子跑腿，讓人深感不捨，也敬佩他的發心。

　　這些例子說明了即使是朝聖行，每個人的心理狀態與期待值還是很不同。彷彿平時修為如何，這時全部會拿出來被考驗。而我們自己也能透過這樣的機會，好好檢視並觀察自心，而不是一直向外求。除了這些，在旅行經費上並無困難，預算大抵是綽綽有餘，整個行程大致上算是非常順利。

第二章

·缺氧的天堂／邁向聖地·

出 發

　　秉持著當初成立「中華寧瑪巴五明佛學會」的初衷與宗旨，我們開始訂定了一系列相關的工作目標。這些目標包括了如何讓臺灣的佛學初學者認識正信佛法，以及前往法脈傳承的本寺，也就是晉美彭措法王所成立的「色達喇榮五明佛學院」朝聖及進一步的研修學習，同時也讓晉美彭措法王的法脈能在臺灣推展。當然，在此前提下，我必須想辦法協助仁波切能早日順利獲得在臺灣的身份證。於是我便開始著手協助仁波切辦理取得身份證，並與他討論有關前往藏區祖寺朝聖的事宜。

　　三至五年間，在主、客觀機緣俱備的情況之下，我開始積極敦促仁波切，商討朝聖行的相關細節。用「敦促」這字眼來放在仁波切身上實是不敬，但著實表達出我內心的想法。由於藏人行事一向非常「隨緣」，想法上的自由度與變化性也相對非常高，我若不緊盯此目標，執行上便會有很高的不確定性。與他們相處的心得便是：有計畫等於沒計畫，真的有計畫還是等於沒計畫⋯⋯所以我必須以 NGO 組織系統化，加上行政法規的規範，以及訂定社團發展方向等有計

畫的方式去執行有關佛學會發展的事項，盡可能免除一般社會外界對於藏傳佛教的誤解認知。

此次的行程在佛學會剛成立時，我已向仁波切提出了幾個不同的方案，其中包括由成都出發經北線（汶川經馬爾康），以及南線（雅安經康定）抵達，規劃有 15、20 天等行程。但坦白說，當時我還是有種被敷衍的感覺，因為畢竟仁波切還沒拿到身分證，所有的一切很可能最終是空談。所以這整個過程對我而言，也算是一種修行上的考驗。一直到2015 年過年期間，仁波切開始非常積極的請他的侍者與我聯繫，並將所有討論內容整理成完整記錄，與此同時，仁波切的身分證申請也有了 90％成功的機率。終於在 6 月份，仁波切順利拿到了身分證與辦妥護照。

當時所做的行程規劃，實際上到後來也做了將近 30％的調整變動。在所有的條件都充份成熟的情況之下，我們便經由佛學會做正式的公告，邀請仁波切各方的弟子們報名參加。其中臺灣部分，包括由我承辦的台北總會，以及台中分會、彰化員林分會（母會）等，也都熱情支持，踴躍參與。值得一談的是員林分會，他們雖然是草根性較強的一群弟子，但卻是最不吝於支持仁波切舉辦法會及各項活動的成員。

朝聖路上無悔的願望

　　光是臺灣弟子們就有 80 多人報名，其他則為來自廣州、
廈門、北京、河北廊坊等地的法友。其中河北廊坊即是仁波
切早期弘法的地方，報名者還包括了兩名漢傳佛教的女出家
眾。仁波切在大陸地區的弟子，多為已下崗（即退休）的公

務單位人員，例如會計、工廠副廠長等。起初報名者多達 150
人，因為人數超出預期，於是我們開始以實際可能遇到的困
難及個人健康情況為考量來說服勸退一些人，直到最後剩下
102 位。所有的成員中，有些人其實身體健康狀況不佳，但都
有個願望，如果能夠善終在往西藏朝聖的路途上，都甘心無
悔。所以這樣的發心更讓我驚嘆，也讓我更全心全意投入準
備此次的朝聖行。

　　其中有位臺灣 68 歲的雪碧阿姨，她有一耳失聰聽不見聲
音，更向我表達堅持去朝聖的立場與動機。我因為有點擔心
她年紀過高以及健康考量，問她：「妳，真的可以嗎？」她
回答我：「你怎麼可以這樣問我？」她表示朝聖行不應該考
慮這些，你又不是神明菩薩，怎麼會知道我到底行不行。她
雖然未繼承中醫父親的遺志成為一名中醫師，但卻擁有了父
親所有的遺產。她表明未來將會捐一筆款項給某個單位或個
人，在其往生後將遺體火化，骨灰做成「擦擦」（一種泥造
小塑像），一個留在臺灣，也就是她出生的地方，一個留在
信仰的祖寺，另一個則放在聖湖邊，讓擦擦隨著時間與大自
然的力量自然風化散去。

從北京到成都：隨處是考驗，時時觀自心

　　在活動籌備的過程中，我也觀察到仁波切的弟子中，有些人會因為有上師做招牌而容易去占他人便宜的情況。其中包括有他人供養仁波切吃飯，而這些弟子會理所當然認為一起被請吃飯是應該的，因為他們認為自己是在幫仁波切執事。我覺得這樣的想法和習慣，在一個學法者或修行者身上是不應該有的，不該藉由上師的名義與庇佑去貪圖享受這些外在的資材且不知感恩。這些內心最深沉的貪欲，若不去檢

▶ 崎嶇山路

視與根除，會使自己偏離正法，污染了世尊所說法的清淨。
當然，更會直接影響到師長弘法利生的事業。

　　像這樣的情形，讓我想起了慈誠羅珠仁波切曾說過，要
我們不用供養他，只要把自己做好。因為他不是你皈依的對
象，他只是皈依對象的執事者，你所皈依的是佛法僧。如此
謙卑的想法與做法，卻尚未得到大多數人的認識與推廣。如
果我們多數人都能如此去設想，並實際去做，那麼，利他的
精神自然而然就能自內心顯現出來。前述的這些問題，也正
是導致為何目前藏傳佛教在漢地會產生許多分裂的小團體，
女眾與其師長間發生一些光怪陸離事件的情形。雖然在整個
過程中，我觀察到，也驗證到了這些現象的前因後果，但仍
時時提醒自己，正是因為如此，我更該學習將利他精神發揮
出來，不能因此感到挫敗。

　　由於考量到多數成員還有上班的壓力，所以最終我們將
行程縮減為 10 天。就在大夥兒排除所有障礙，做好萬全準備
及心理建設後，我們便各自買好前往成都的車票或機票。當
時我的兩個孩子正好從北京大學碩士班畢業，故一起加入了
我和內人的朝聖行程，全家因為這樣的因緣又聚在了一起。
在一雙兒女發願要護持我們兩老的情形下，一家子便從北京

出發了……

　　從北京前往成都的高鐵車程，總共約有 14 個小時。這段時間對我而言，也是個另一種層次的自我觀察考驗。

　　因為預期此行是一次難得且殊勝的朝聖行，所以心態準備是不讓自己的心騷亂。但長途車程中，卻一直無法獲得片刻的安靜。車廂內的擴音喇叭不斷傳來各式各樣廣告宣傳的聲音，一檔接著一檔，強力放送不停歇，我連想好好睡個覺都不得安寧。心想，這不正是此行的目的：自我觀察與修行的練習機會？所以，我盡可能的還是讓自己保持平靜的心情。但又想到，這樣的情況還是要反應一下，修行不代表什麼事都不做或什麼想法都不表達，所以最終在快下車前，我還是把列車長請來抱怨了一下。

　　「我們是要去朝聖的，可是我卻不得安寧，上車後，我以為可以好好休息，可是您們車廂內的叫賣聲，還有服務的方式，像是人家要睡了才來查票，還有一直不停播放的電視廣告，都讓人沒法好好休息。」

　　「先生，不好意思，因為我們這電視是中央系統控制的，所以沒法兒關閉。」

　　「我知道你們收了錢，可是我有權不享受你們廣告的好

意呀！你們不能那麼粗魯地掠奪別人休息的權利。」

　　後來，來了幾個人與我溝通，接受我的建議，願意寫報告上呈主管機關。當然，我沒有用強硬的口吻來要求，而是用委婉的方式表達自己只是代表某一群人的想法。於是，我也順利表達了自己的訴求，不管他們事後是否會落實調整，但至少實踐我從學習佛法所獲得的，順手為他人做一點事。

讚美團隊

　　雖然 10 多個小時沒辦法好好休息，而且抵達成都時已經

是晚上 10 點多，但路程順利且難掩朝聖法喜的心情。我的一雙兒女在分工合作的護持協助下，事先安排好交通接駁的部分，以及一些瑣事，讓我的心情也泰然不少。更讓我體會到，許多事情不是靠自己一人來成就，而是需要許多人的協助與配合。

　　此時，仁波切已經抵達成都 3 天，與來自廊坊佛學會的會長與幾位師兄姐所組成的核心成員小組，已經開始密切討論行程。我在和他們會面之後，便開會商議相關事宜，包括成員們會如何到達，如何接應等等，把這些細項確定下來。來自不同角落的 102 人，也在接下來的 2 天內抵達成都，報到完畢。集合完成後，便開始團體行動，集體用餐。行前的所有注意事項、抵達當地後應有的禮節、喇榮五明佛學院與烏金咕嚕寺的法會內容與須知等，也向團體再正式宣達一次。

　　我非常感恩仁波切對弟子們的體恤，他很清楚弟子們的需求為何，所以將入藏區行程延後一日，行程增加到普賢菩薩的道場「峨嵋山」參訪。但一想到 102 人要如何前往、如何排隊買票及分批坐纜車，而且當地遊客又是如此之多，便覺得執行難度極高。幸運的是，身為佛弟子的成員們，謹守律儀且配合度高，在臨時隨機編組的分工合作下，不分誰是

臺灣人或大陸人，以尊重團體行動為優先，自行推派管理員，並開始分組執行。仁波切也很體貼地把他隨行的兩位精明能幹的學僧分派給我們，協助與各組的幹部們聯繫，形成一個完美的分工機制。

　　這次的成員，光是臺灣人便超過一半。但我發現多數的臺灣成員還是過於功利主義，利我的心態與動機較重，對佛法的參悟沒那麼透徹，常希望藉由參加法會能獲得加持。此外，許多的思維，例如遇到問題常認為以金錢交易即可解決。但我還是隨喜他們，願意撥出這個時間來朝聖聞法。反而同行的大陸法友較為內斂與虔誠，即使他們在商場或職場上刀光劍影，也不會一直炫耀自己的豐功偉業。這或許與他們的成長環境是經過鬥爭文化有關，故而顯得較為謙遜。同時對他們而言，佛法得來不易，可能也更珍惜所有能親近佛法的機緣。在他們身上，我也的確看見佛法的教化與轉變，自我提升的力量。

　　此行的組織動員，主要是以臺北總會的名義推行。同行的北京楊律師，也不斷促請仁波切成立聯合總會，將臺灣以外的成員，由各地推派代表組織起來。此次的行程，等於也是成立了一個交流平台，讓各地佛學會的成員們得以交流互

動。大夥兒來自不同的地區與背景，由此，我也更深感應該
去欣賞每個人的優點，讚美團隊！各地的佛學會不是互相爭
權奪利，而是彼此互相砥礪。

普賢菩薩道場

在入藏區之前，心境的轉換之際，我們順路參訪了普賢
菩薩道場——峨嵋山。

原本的行程是計劃從成都出發，直接一路往西直上高
原。但慈悲的仁波切在同修們的祈請下，特別將高原行程往
後順延一天，讓大夥兒有機會親炙普賢菩薩的道場。峨嵋
山最高峰萬佛頂海拔達 3,099 公尺，地形險峻，風景雅緻秀
麗，特別有股靈山仙氣。山路上有許多活潑，喜歡向遊客討
食的猴群，也成了聖地的另一道有趣風景。登山路線長達近
百里，遊人們可藉由登山索道上山，親臨金頂四大奇觀：日
出、雲海、佛光與聖燈。

相傳峨嵋山是普賢菩薩顯現與講經說法的所在。普賢菩
薩廣修 10 種行願，也被稱為「十大願王」。其形象為身騎六
牙白象，作為願行廣大與功德圓滿之象徵。在金頂上即可見

被太陽照射的金光閃閃，令人讚嘆的普賢菩薩像。此山也因菩薩而聲名遠播，遊人終年絡繹不絕。

頭一次來到菩薩講經說法聖地，自然內心是悸動不已。但我也同時被來自四面八方的大量「觀光客」給震憾到。人數之多讓我非常訝異，心想，若他們都能是虔誠修行的人們，那該有多好啊！外在的擁擠與吵雜，與我內心對聖地的寧靜期待，也造成了相當大的對比與反思。這些人們，對於峨嵋山與普賢菩薩的想法與內心的狀態又是為何？

衝擊之外，參訪中最讓人印象深刻的，是我們在普賢菩薩聖地的共修。

這一天的天空特別湛藍，藍的讓人幾乎要忘了煩惱。我的內人扛了沉重的法本，跟著仁波切與成員們一起站在烈陽底下課誦共修。金頂在藍天與陽光的照射之下顯得聖潔與金碧輝煌。如此的情景，搭配上大夥兒的持咒與誦經聲，不禁讓我聯想到了個人小宇宙與外在大宇宙的關係與對話。雖然遊客非常多，人聲鼎沸，但仍舊有股不可思議的力量，推動

及促使我不斷的自省與思考。

　　期間，我也在這看到了許多在修行上特殊的狀況，特別是「布施」的概念與詮釋。佛教徒中，有不少人認為所謂的布施，就是以錢財布施給需要的人。

　　當然，我們的成員中也有不少這樣的人。他們耳聞這裡因為是佛教的觀光聖地，充斥著等待遊客與信眾布施錢財的乞丐，因此許多人很刻意的將人民幣換成了許多 1 元面額的小鈔，目的是為了布施，為了讓那裡的乞丐都能得到所需，雖然面額極小。我知道他們的善心與善意，但發現如此的舉動卻只有引來更多的乞丐，對於他們的情況實際上並沒有太大的幫助。細想，如此也並非布施的原意，布施並非只有財布施而已，這樣的情形反而顯示出人們對於佛教義理上的布施卻是誤解了。

　　峨嵋山之行，開啟了此次朝聖行我與自心不間斷的對話。帶著內心不斷浮現的問題，前往雪域高原尋找答案。

內心平靜快樂，即是最好的氧氣筒

　　來自北京與廊坊的許多法友，其實已經都去過烏金咕嚕寺和喇榮五明佛學院許多次了，但仍然發心自行開車陪同前往。而且他們當中有不少人曾在喇榮五明佛學院住了 2、3 個月，其實沒必要再跟著我們去。所以非常佩服他們，願意再奉獻這 10 天來服務大家，也能夠感受到他們內心因為受到法的滋潤而產生的利他行動。102 人總共租了 3 台中型巴士，還有師兄姐們自行開車的 5、6 部小車。我們的車隊，就有如行動佛堂般，各車分別載滿了各式的供品、風馬旗（隆達）、燈油、哈達等。不管是巴士或司機，仁波切都非常在意是否對我們的安全具有保障，特別嚴加篩選。一群人便浩浩蕩蕩地展開了藏區的朝聖行。

　　雖然大夥兒已經延後 1 天入藏，多了 1 天可以準備及健全心理建設，但入藏後，仍舊馬上有人有高原反應不適。主因在於某些法友因為出行太開心，行程一開始便亂吃東西，瘋逛採買，很怕「過了這村沒這店」。這樣的興奮心情與分心之下，反而導致高反的不適情況開始發生。到了烏金咕嚕寺時，有多位已經很明顯是無法撐下去，在住了 1 晚後，約

莫 4、5 位即表明要住到海拔低一點的旅館。

我們這一家，因為把所有用品都從臺灣準備好帶齊了，也沒什麼需要擔心或激動的，凡事隨緣，順從仁波切的安排，藏人吃什麼，我們就跟著吃什麼。或許因為內心的平靜與初次入藏的快樂心情，整個行程中我們這家子並沒有人因缺氧造成不適應或抱怨。

除了要保持平靜、愉快的心情之外，出發前的準備也是非常重要。

建議出發前應準備好個人藥品，例如預防高原反應的藥方（如紅景天等）、提神醒腦的萬金油等。行前多吃清淡食物，若能吃素是不錯的，好好調理身體，多些正向思考。到了當地行動要緩慢，剛抵達高原時先不要洗澡以預防感冒。如果一旦感冒，可能併發急性肺炎，就算要送到平地治療，最快也需要 2 至 3 天的時間。因為高原早晚溫差極大，所以注重保暖，帶足與帶對衣物是非常重要的。隨身帶個保溫杯，時時可有熱水喝，在寒冷的高原夜晚更是不可或缺。其他物品，像是乾洗手、濕紙巾或衛生紙等，也都能給自己帶來許多的舒適便利。

如果需要補給物資，在成都、康定、爐霍等地也都能購

買得到。事前的準備若能齊備，後面的行程當然也可以更放鬆、專心，不必有過多的擔心或焦慮。

雪域：神祕的聖地

雪域聖地讓人著迷的，不只是它的山山水水，其淨化人心的神祕力量更是令人嚮往。

它，讓人們敬畏，看到自己的渺小與無知。挑戰自己內心的恐懼，反射出各式各樣的煩惱，並映照出可怕的仇敵。人世間的痛苦，一一寫實呈現。

成員們懷抱著各自的願望與期待，從離海平面500多公尺的成都出發。從繁忙、喧囂到安定、寧靜；從多氧濁重的平地到缺氧身輕的高原……從遊客如織、摩肩擦踵的觀光與朝聖聖地——峨嵋山，到無人寧靜且蜿蜒的山谷；耳邊傳來的對話，從嗆辣的四川口音轉換成敦厚溫柔的藏語。景物從時髦的大都會，一路輾轉，開始進入綠油油的草原。雲朵越飛越低，彷彿就要停靠在山的肩頭上。人們的表情也從拘謹陌生，開始轉換成了黝黑面容下開朗的笑容。太陽、月亮和星星，也離我們越來越近，天地之間的一切，不管是人與人，或是人與大自然，似乎越來越沒有距離。

僅管旅途勞頓，可是卻一點也不覺得累。雖然氧氣很稀薄，但是我的腦海裡卻總能浮現出無窮的探究精神。心裡

想，究竟是一個怎麼樣的地方、一個什麼樣的國度，能夠給予這些生活在這塊看似貧瘠土地上的人們如此強大的力量，支持他們祖祖輩輩在這裡生息繁衍，並不斷以五體投地大禮拜，風塵僕僕自遠方而來？

空中飄揚的經幡、展翅盤旋的飛鷹，地上成群而行的牛、羊，騎著機車呼嘯而過的藏族年輕人……這一切都訴說著屬於這塊土地上獨有的奇妙生命力，他們自在的慢活，沒有忙著要去哪裡，就是恬靜閑適的過著高原上日復一日的日子。他們把無常看成是一件再平常不過的事，以平常心看待生、老、病、死。這一切，也正是雪域淨化人心的神祕力量驅使而然。

而這神祕力量，也就是來自他們千百年來的信仰——藏傳佛教。它不斷呼喚我，感召我不斷的靠近它、研究它。

「攝影家走廊」新都橋：開啟藏地大門

我們車隊，3輛中巴、6輛小車，浩浩蕩蕩一路向西，行經中國最長隧道，二郎山隧道（4.1公里）；挺進川西最深峽谷，達大渡河谷；親訪國共內戰瀘定橋與情歌的故鄉，康

定。一路車行 10 多個小時，雖然長途趕路，成員們卻沒有抱怨，聖地的召喚反而讓大夥兒對於路途中的所見所聞感到既興奮又期待。

經過一路顛簸，終於來到並入住在康定以西 80 公里的新都橋，輕扣期待已久的藏區大門。

新都橋海拔 3,300 公尺，沿線有 10 多公里的美景號稱為「攝影家走廊」。山巒綿延，藏式民居散落在溝壑間，炊煙冉冉，彎延的小溪，一幅恬靜悠哉的美景之畫。如此景緻，讓我們開始拋卻世俗包袱，迎接所有未知的路途與自心。

此行出發之前，我已經是藏文化的愛好者。除了家中設

有藏式佛堂,是藏香的忠實擁護者,對於藏草藥也有極高的研究興趣。此次的朝聖之行,可說是我對於探究人生智慧與神祕力量之開端初探而已。

對於這神祕的智慧與力量,我曾問過仁波切:藏傳佛教之密宗何以稱為密?

他說,混濁的虛空世界之間,魔與佛是同時存在的,為了保持法的純淨,若不以口傳、法會等祕密的方式進行的話,法容易被誤用與盜用,法脈便容易被壞滅。此「密」,並非漢人所理解的那樣祕密、神祕,其目的主要是讓傳承不要摻雜不純粹的東西。

所以,青藏高原上如此的文化古國,特別是蓮花生大士入藏後的吐蕃,也就是佛教發展的歷史部分,包括唐朝文成公主入藏的故事,都對我有特別強大的吸引力。此外,慓悍的康巴人在過去歷史中與漢人間的保衛爭鬥,雖然許多故事讓人不寒而慄,但藏傳佛教的信仰卻能使過去的苯教風俗改善,使吐蕃成為一個文化源遠流長的文明古國。

在看到喇榮五明佛學院的大幻化網壇城後,我更是可以理解佛洛依德所談的人類心理學的幾個層次,以及榮格所探討的集體潛意識等。我的爸爸患有自閉症,媽媽則是阿茲海

默症末期，像這些現代人的各式各樣因身心靈失衡所造成的疾病，在藏傳佛教中所探討的生命課題其實早已可找到答案。

所謂的祕境香格里拉，也正是我自己在內心世界中要尋找的目標，以現代科學結合宗教，做為我今生的人生功課。

與天地相應：藍天白雲綠草原

在遼闊的草原上，我們有不少機會在草地上活動及午餐，享受藍天與白雲的自在。

在由新都橋往塔公寺的路途中，我們行經折多山。漫長蜿蜒的山路，讓我感覺到山與天地之間難以言喻的生命力與

能量，更讓我能體驗到何以藏人認為有山神的存在，讓人敬天畏地，感知自己的渺小。抵達折多山時，仁波切帶著我們在山頂施放隆達及做煙供，此時更能體會到為何藏人會如此謙卑，認為萬物皆有靈，尊重所有有形與無形生靈的存在，並與祂們維持一個最佳的互動距離。

　　與大自然如此的近距離對話，讓我更可以理解為何藏人有如此寬廣的胸襟。

　　因為如此，藏人們從不抱怨草原上的生活型態，卻是如此自在怡然。我們這群都市人，來到此地，當然也得入境隨俗，隨著他們在適當的時機，放開羈絆享受草原生活的樂趣。除了曾在塔公草原上野餐外，在烏金咕嚕寺往色達的途中，因為路途中沒有合適的用餐餐館，遼闊的草原上，我們就地取溪水燒開，煮我們自行買來的泡麵吃。大夥兒不但沒人抱怨，反而對於眼前的景緻感到安心與自在。

　　而這草原農家樂民宿的女主人，也讓我見識到藏族女性堅韌的生命力。她們的獨立自主，超出我所想像。

　　她一個人帶著一對幼小的姊弟，除了教養她們，還得做民宿的生意。客人多時，一個人當好幾個人用，臉上卻始終掛著堅毅的笑容。這也讓我不禁想：草原的男人去了哪裡？

或許到外地工作，或是有其他的工作？也難怪曾聽人說藏族
女性常能主外又主內，能幹得不得了！或許正是因為如此的
環境，磨練出了她們樂觀、不怨天尤人的性格。當然，或許
也因為她們的信仰教會她們，能力與職工是不因性別而有差
異的吧……

　　當我在廣濶的草原上時，我總喜歡刻意遠離人群，一個
人感受藍天、白雲與綠草原。看著天地間的一切不斷幻化，
感受到與萬物同處一個時空中，大自然的一切如此的有靈
性，也難怪藏人自古以來即相信山有山神，天有天神等。同
時也反思自己究竟為何？我在這天地之間的存在如此渺小，
又能算是什麼？我認為長遠的過去以來，這區域裡的藏民
族，面向土地背朝天的生活模式，已經根深蒂固地成為藏民
生活基因的大部分了。

　　蓮花生大師在藏地教化十八年已經基本解決了這些高山雪域藏人生存的問題。

　　人類在工業發展之後，因競逐外在生活條件而造成與大自然間關係的失衡。因此，我非常認同李家同先生的一篇文章中所說，人類實是進化未完成，故而在許多領域，不管是政治、社會與宗教等，產生了許多的偏見。但藏人好像保存了某部分原始生存元素而不失去的平衡。

　　「慢」，就是我在這高原上觀察當地人生活所得到的一個結論，特別是我們之後在喇榮五明佛學院排隊等待拜見丹增嘉措仁波切時，更能感受到這樣的一種生活智慧。求佛道或是朝聖的這條道路上，唯一的方式就是要「慢」。要去體驗，去做轉進的思考。而草原上的生活體驗，讓我見證到都市人所逐漸遺忘珍貴的、真實的生活智慧。

大鵬金翅鳥：心更寬大、眼界更遠

　　進到藏區之後，除了映入眼簾無際的草原與藍天，山頭上的瑪尼石與飄揚的經幡，讓我印象最深刻的就是寺院中常見的「大鵬金翅鳥」。

　　在藏區的許多寺院常可見到牠在佛殿的高處閃著金光，展翅欲振，獨特又醒目的身影，例如在喇榮五明佛學院大經堂旁即可見到牠。傳說中這神祕的聖鳥是蛇的剋星，牠能在高空中俯視並迅速捕捉在地面的蛇。蛇在佛法的詮釋中象徵了三毒──「貪、嗔、癡」中的嗔，嗔也是所有煩惱的最主要根源。寂天菩薩曾在入行論中說到：「無如嗔之惡，無如忍難行，故應種種理，殷重修堪忍。」修行的道路上，最大的考驗便是嗔心，為惡行之根源；唯有忍辱可對治嗔，忍辱

▶ 大鵬金翅鳥。

之難行也是修行人的重要課題。因此大鵬金翅鳥的顯現,也帶給我在修行方法上許多的觀想空間。

我們不僅要勇於面對自己的煩惱與缺點,找到問題的根源,徹底的對治它。特別是,我們需以更高、更廣的視野來面對我們人生中所遇到的課題、難題,還要持續不斷的學習。因為考驗時常是接踵而來⋯⋯即使你想視而不見,那都是不可能的。

蛇在地上爬行,狹小細長的身形,在高空中你如何能精準的瞄準牠並捕捉到牠?

唯有飛的越高,看得更遠才能成辦。這就像是我們需要訂定一個更高格局的人生目標,以廣闊的胸襟,撒除個人的偏執,才能面對及解決我們身而為人的各種問題與煩惱。唯有透過不斷的學習與觀察,才能察覺自己心裡的那條蛇在何處?如何找到牠,面對牠。這條蛇,並非他人丟給你的,而是你自己在沒有自覺的情況下豢養了牠。

大鵬金翅鳥的寓意,讓我更深刻的理解到,學習佛法不是為了求神通或是與他人競賽,而是為了要讓自己心變得更廣大,眼界看得更長遠。我們都有能力成為犀利的大鵬金翅鳥,而現在所有的修行與準備,都是為了要振翅高飛⋯⋯

烏金咕嚕寺與蓮花生大士

烏金咕嚕寺，位於四川省甘孜州新龍縣，也是藏人傳統地域概念中的「康區」。新龍東鄰爐霍、道孚，南接理塘、雅江，西傍白玉、德格，北依甘孜，可以算是前往康區各主要聖地或重鎮的十字路口。新龍不僅以其秀麗險峻的景致聞名於世，也因其古寺與歷代高僧大德選擇為出生地等因緣成為許多朝聖者慕名而來的聖地之一。從新龍縣到寺院的路途中，仍舊是山路蜿蜒、崎嶇難行。為了一睹這殊勝的古老寺院，再怎麼辛苦，咬著牙也得在痛苦中快樂的前進。

烏金咕嚕寺的歷史與傳承

這座有著700多年歷史的寧瑪派古老寺院，位於海拔3,200公尺的新龍縣色威鄉，是持明尊者龍薩寧波晚年所創建的，也是蓮花生大士親自加持的道場。蓮師入藏後，僅在藏地停留18年。他將多數時間奉獻予衛藏地區，創建桑耶寺，故所行經之地有限。因而遠在康區的烏金咕嚕寺顯得極其珍貴與殊勝。

　　寺院占地 25,000 平方公尺,是新龍縣 50 多所寺院中規模最大的。目前約有 280 多位僧眾,設有五明佛學院、閉關中心與菩提智慧學院。佛學院有 50 位學僧,另有約有 35 人長駐在色達喇榮五明佛學院學習。閉關中心仍有不少僧眾正在進行 3 年 3 個月的大閉關;菩提智慧學院則是培育僧才的學

校，目前約有 60 多名學童在此學習，為未來做準備。而這些
學童也正是龍迦仁波切為了培育佛法未來的棟樑，細心栽培
與付出的心血結晶。

　　「烏金」指的的蓮師的淨土，「咕嚕」則是蓮師的尊稱。
佛經裡頭曾授記，在混濁的末法時期，蓮師是三聖：阿彌陀

佛、觀世音菩薩與釋迦牟尼的總集化現。

　　傳說在建寺時，蓮師像的上半身乃自然出現生成。其手中的托巴碗曾多次降下異香的甘露，賜予虔心敬拜的修行人以良藥治病，讓具信者得以離苦得樂。而初十蓮師神變日，寺院舉行薈供時，上空常都會出現吉祥的彩虹。這些難得不易見的吉兆，也吸引了十方信眾不斷前來頂禮朝拜，700 多年來未曾間斷。

　　1987 年，晉美彭措法王曾親臨烏金咕嚕寺，讚嘆寺院與蓮師間的殊勝因緣與教學修持風範，寺院僧眾持守戒律嚴謹，修持精進刻苦。梭羅仁波切因對晉美彭措法王生起強烈的信心，遂將烏金咕嚕寺供養給法王，希冀能在法王的慈悲攝受下，延續寧瑪巴的清淨傳承，讓佛法得以如太陽光芒般普照十方。

龍迦仁波切：與臺灣信徒的深厚緣份

　　我們從成都出發，峨嵋山朝聖，西行途經康定、塔公、

甘孜，經過了 3 天，我們終於抵達了龍迦仁波切的本寺——烏金咕嚕寺。仁波切在境外弘法許多年，終於能再如願一償返鄉之願望。

龍迦仁波切出身自咕嚕寺歷代主持鈕格仁波切家族，同時也是晉美彭措法王的心子。

鈕格家族歷代皆有許多大成就者，第 1 代為噶瑪若布仁波切，第 2 代為噶松若布仁波切，第 3 代為梭羅仁波切，第 4 代即為龍迦仁波切。仁波切在 8 歲時依止堪布尼瑪出家，18 歲時便已完成 3 年 3 個月的大閉關。此後，便接掌了咕嚕寺住持的職位。後因對晉美彭措法王有著非常強烈的信心，毅然決然的放棄了尊貴寺主的頭銜，隻身前往色達喇榮五明佛學院跟隨法王學習佛法，隨侍法王 18 年，得到了大圓滿全部灌頂與諸多殊勝口傳。

在佛學院的第一批僧眾考試中，他以非常優異的成績考取了首批堪布資格稱號，而當年幾萬名的學僧當中，僅有 108 位取得堪布資格。1997 年時，仁波切前往印度依止敏林赤欽法王（一般也稱他為「睡覺法王」），接受法要及閉關禪修，並開始了在海外與臺灣的弘法生涯。

2004 年晉美彭措法王在圓寂前一天，特別召見了龍迦仁

波切，囑咐他要將大圓滿教法傳承及延續下去，因此仁波切
身負重任，發願要盡其一生之精力來弘揚佛法，以報答上師
三寶的大恩德。如此的因緣，讓仁波切與臺灣的信徒結下深
厚的緣份，開啟了漫長難行的返鄉之路……

　　龍迦仁波切在 2010 年時，曾帶弟子們回到烏金咕嚕寺朝
拜，當時深感此珍貴古老的寺院已經歷數百年風雨的侵蝕，
主體建築出現不同程度的毀損，屋樑腐蝕與漏雨等情況相當
嚴重，影響了殿內珍貴的佛像與僧眾的修行生活，因此也毅
然地擔負起了修繕古寺的重任。

　　此行再前往，寺院也在各界善心人士與弟子們的慷慨解
囊與護持下，有了不一樣的面貌。

入住烏金咕嚕寺

　　因烏金咕嚕寺位居於高原深山之中，交通相當不便，為免趕路造成危險，我們前一晚則住在甘孜縣城。隔日一早才出發，翻山越嶺，幾經折騰。當時，我從沒想過，在地圖上看似如此近的距離，只不過像是轉個彎而已，竟花上了我們將近一整天的時間。下午大夥兒在草原上休息、拍照，享受高原溫暖的陽光。掛經幡、灑隆達，祝願有情離苦得樂、我們的行程平安圓滿，剎時，彷彿忘了旅程的疲憊。

　　經過艱難險峻的蜿蜒路途，抵達烏金咕嚕寺時已是晚上8 時許。

　　寺院為了歡迎仁波切回家及接待我們一行 102 人，他們動員了當地 100 多位藏民、80 幾位出家眾來迎接、安排我們晚上的用餐與住宿。首先出來迎接我們的，是一群天真、可愛的小喇嘛，他們引領我們前往大殿禮佛與晚餐，並協助我們將行李搬運到大殿門口。在我們抵達之時，正結束了一場法會，目的是請示菩薩、護法，讓我們一行人晚上得以在大殿內用餐。最特別的是，要允許占有成員 3 分之 2 人數的女眾得以在這兩日內於大殿鋪墊入住。這樣的安排，主要也是

因為寺院並沒有足夠的房間得以提供給一下子來這麼多的女
在家眾住宿。

　　寺院師父們與仁波切的慈悲安排，讓我們能在如此艱困
的環境下，有個可以安心落腳與休息的地方，而且還是如此
神聖的蓮師古寺。

　　眾人的齊心協力下，在我們進大殿之前，早已迅速將百
人的用餐小桌子與坐墊分成5、6列排好。當我們坐下準備用
餐之時，錶上已經顯示是9點了。讓我最感動的是師父們無
微不至的貼心照顧。

　　待我們就定位後，他們便開始發餐具、倒溫開水，讓我

們能先暖一暖身體。晚餐準備的是藏式水餃、熱湯，還有藏茶。用完餐之後，他們又再逐一收回碗盤與杯子。這麼多人所產生的垃圾，師父們依不同材質做好了垃圾分類處理。在這樣封閉的學習環境底下，他們能有如此的環保概念並實際去執行，讓我感到敬佩不已。最後，眾人一起迴向、祈福，將今日的所有功德迴向給十方一切有情眾生。

　　晚餐結束之後，住持宣布了女眾可睡在大殿，而男眾則與出家眾分睡寮房。雖然環境條件不是像住在飯店、賓館那般舒適，但大夥兒覺得特別歡喜，一點也不覺得累，也沒有人抱怨。當然，能在寺院住上一晚，也是非常難得的體驗。寺院為女眾們準備了全新的床墊，而這些床墊則多是由各方信眾所捐贈、供養。床墊鋪滿了大殿，同行的女眾們也在佛菩薩的護佑下，度過這 2 天在烏金咕嚕寺難得的夜晚。

　　由於寺院並沒有澡間或公共澡堂，我們在灰頭土臉的趕了一天路後，並無法洗澡，只得燒水來擦洗身體。不過，舒適乾燥的氣候，並不會讓人感到不適，反而是內心的平靜會讓人忘了外在是否有所缺乏，光是一條熱毛巾就能讓人消除終日的疲勞。

　　深夜，我一個人走出房間，準備去茅坑上廁所時，抬頭

看著滿天星斗。它們是如此清澈明亮，距離好近，彷彿伸出手便可以摘下它。冷冽卻靜謐寧靜的空氣中，讓人感受到前所未有的舒適與自在。人生，忙了大半輩子，所追求也最想享受的，不就是如此平靜、安定、自在，卻又奢侈的這一刻嗎？而此時的我，卻是如此輕易的就享有，而且還有我的家人、益友們在身旁，此時此刻，一切已足矣！

祖師蓮花生大士

烏金咕嚕寺所供奉的除了釋迦牟尼佛之外，最主要的就是蓮花生大師。釋迦牟尼佛曾在許多經典中授記，在他入滅後，將重現於印度烏仗那國土之中，具有蓮花之名，且將為密咒教主。在《難思祕密經》中也預言了蓮花生大師的出生：

> 三世諸佛所化現，於此賢劫具妙行，持明之人將到
> 來，現於美妙蓮花中。

1　上述兩段經文參考自《蓮師傳－蓮花生大士的生平故事》之闡明真實意，橡樹林出版。

《無瑕天女經》中也提到 [1]：

十方一切佛事業，匯聚將成獨一相，證得妙成就佛
子，體現佛事業大師，現身鄔金國西北。

蓮花生大師，顧名思義，乃自一朵蓮花中化生誕生。八
世紀時，被烏仗那國王經過蓮池畔發現，遂將他帶回及認養
為王子。當時，他所經之處蓮花便萌生綻放，國王驚嘆此孩
子果真是蓮花所生！自此，他便被稱為「蓮花生」。

後來因志不在傳承王位，而一心向佛出世，故乃受到國
王父親的罷絀，轉而進入森林修行，因此也修得了許多神通
幻術悉地。蓮師曾在印度當時著名的那爛陀寺學習，擔任五
百大班智達的上首。也曾是一雲遊僧，前往不丹帕羅傳教，
建立了虎穴寺，足跡從巴基斯坦至不丹一帶，後來更應藏王
赤松德贊之邀，與寂護論師一同入藏弘揚佛法。

根據記載，蓮師與寂護論師約於西元 750 年自印度啟程
前往當時的西藏──吐蕃王國弘法。路途中的艱難險阻、藏
民的愚癡與非人的強大干擾，讓他猛發慈悲心，以悲心願力
與神通，度化了當地的鬼神與苯教的巫師。在藏王松贊干布

的支持與贊助下，於當今西藏山南之地創立了最早具備佛、
法、僧三寶的藏地寺院。在他和寂護論師的努力之下，使得
當時多半昏昧無知的藏民萌生智慧，信仰正信佛法。當時被
蓮師剃度的七位弟子，也是西藏歷史上最早出家的僧眾。藏
王赤松德贊、蓮花生大士與寂護論師，因在如此艱難環境下
的藏地創立佛教，後來在 3 人也在西藏歷史上被尊稱為「師
君三尊」。他們偉大的遠見與創舉，也影響了西藏往後 1,300
多年來的發展，並寫下了精彩無比的藏傳佛教歷史與文化。

　　蓮花生大士在藏傳佛教中為何如此重要？由蓮師弟子伊
喜措嘉所記錄《蓮師傳：蓮花生大士的生平故事》之英譯本
的譯者艾瑞克‧貝瑪昆桑提到的前言解釋，特別能說明：

　　由於他偉大的證悟與精神力量，他開創了讓金剛乘法教
能在這世上廣傳的善緣。他在藏地調伏了強烈反對佛法的魔
靈，並平息了負面的力量，而讓雄偉的桑耶寺得以完工且開
光。此外，蓮花生大士以其恆久不衰的慈悲與變化無限的善
巧，為未來世代的人們封藏了無數的法教，到了因緣吉祥
且最能利益該特定時代人們的時機，這些伏藏法教便會被取
出。即使到近代，仍持續發現著蓮花生大士的伏藏法教。鑑

古觀今，蓮花生大士的影響力誠謂不可思議。

　　在許多蓮師傳記中，提到蓮師在藏地的時間不長，而且有許多不同的說法，包括他是如何離開西藏，以及可能遭受到一些充滿嫉妒心貴族的抹黑。但我想那些都不是重要且需要特別探討的部分。需要去關注的，是蓮師的慈悲發心與弘法利生的動機，他為西藏佛法事業所做出的偉大貢獻與影響。此次能夠來到蓮師聖地之一的烏金咕嚕寺，讓我也更能觀想與理解，何以蓮師象徵了阿彌陀佛的意，觀音菩薩的語與釋迦牟尼的身，總集了諸佛的身、語、意。

　　眾生在活著的時候，很難往生極樂世界，但在中陰身的時候，卻很容易往生。原因是中陰身沒有一個真實的身體，只有一個如夢如幻的意身，意識創造出來的身體。就像處於外太空身體失重時，稍稍外力，就很容易改變方向一樣，中陰身只需要稍加引導，就能往生西方極樂世界，而不墮入輪迴。

高原上無邪的赤子之心

　　來到烏金咕嚕寺，讓人印象深刻的，還有那 60 多位可愛

的小沙彌。他們活潑可愛，天真無邪，就像是佛法的小嫩芽般被精心培育，等待茁壯。對於物質需求極低，對人的態度顯現出真誠無瑕的善良。他們來自藏地康區的不同角落，肩上都背負了父母與師長的期待。與其他一般活躍外向的藏族小孩比較而言，較不同的是，在寺院與佛法的教育之下，他們顯得較內斂且含蓄有禮，但質樸純真的特質卻是相同的。

我們抵達寺院的隔天，龍迦仁波切請人安排用小車將我們所有人接到更往山上的蓮師殿去。由於這天正好是蓮師殊勝日，因此仁波切與寺院的師父們舉辦了蓮師法會。法會同時，也讓小沙彌們展現平日學習及背誦經書的成果。他們花了將近 40 多分鐘把一部經典給背誦了出來。讓我這近耳順之年的中老年人由衷佩服與羨慕他們驚人的記憶力與意志力。

小沙彌們對我們這些外地來的人，充滿了好奇心。在法會進行時，不斷向我們投以好奇的目光。從他們的眼神中，我看到了他們對於外面世界的好奇與想探索的心。寺院為了保護這群純真的孩子，同時又是未來佛法傳承的重要棟樑，嚴格規定絕對不能在寺院的學習環境中使用手機。師父們深

怕若從小沒有給予這些孩子正確的引導，並打下穩固紮實的
基礎與防護，容易隨著現代化的外在誘惑而不專注學習，浪
費了寶貴的時間。他們的純真可愛，讓我和家人後來也忍不
住將薈供豐富的食物都轉而供養了他們。

　　與此同時，我們也發現在寺院外圍，有不少會主動向我
們乞討或乞食的藏族小孩。他們說著不太流利的普通話，伸
出手向我們表達要錢，或是母親帶著孩子到餐館裡頭直接要

我們把食物分給他們。平心而論，這些孩子的眼神就和小沙彌們有著極大的不同。

我的女兒此行帶了一台拍立得相機幫村裡的藏民拍了照，其中村子裡的老人說，他們一輩子都沒拍過照，這是生平和家人的第一張合照，讓他感動且萬分珍惜。因此女兒便希望也能替孩子們拍下難得的照片讓他們收藏。多數的孩子，有個一兩張就非常開心。但後來在草原上遇到了開民宿老闆娘的女兒，因為接觸到較多外地遊客，而與寺院附近的孩子們有明顯的不同。幫她拍了一張不夠，還要一直拍，拍到她滿意為止。小小的年紀，眼神中流露出了貪心和只想到自己（因為相紙極其有限）。此時，我們必需說，純真和貪心只有一線之隔，如何給予孩子們正確的觀念和教育，是非常重要的，而且必須從小就教導要為他人著想。

我也想到再過幾年，當這裡再更開發，外來遊客所帶進來的文化，是否會衝擊這封閉、單純的小村，屆時不曉得又會是如何的光景？由此可知，更能理解仁波切和師父們是如何的費盡心思來栽培這群小沙彌們，他們身上是肩負了多少的期待與佛法傳承的希望！我也衷心建議未來進藏區朝聖的法友們，並非孩子要錢就給錢（曲解了布施的原意），不要

讓他們養成只要伸手就可以達成目的的習慣。如果可以，應該以更善巧的方式引導他們思考與學習，培養擁有瑕滿人身所應珍惜的能力及培養智慧。

蓮師供燈之約

來到烏金咕嚕寺的第2天，7月29日，大夥兒法喜充滿，因為正值蓮師的殊勝日，除了參加法會，晚上我們也參與了難得的供燈。聽說平日寺院裡並不會一次供這麼多的油燈，但因為是殊勝日，所以點了可能有千盞、萬盞的燈，相當壯觀與莊嚴。點燈的功德相當殊勝，它象徵能破除無明黑暗，增進我們的智慧，也希望一切有情皆能開智慧之眼。

索達吉仁波切曾引用[2]《大藏經》中《佛為首迦長者說業報差別經》為大眾說明了供燈的十種功德，內容簡述如下：

一、照世如燈。供燈者生生世世得以如同世間的明燈，

2　參見索達吉仁波切於「智悲佛網」網站中之文章分享，http://www.zhibeifw.com/big5/ssks/qa_list.php?id=2689。

　　　　轉生為人也會是人中之王，慧燈照亮整個世界。

二、肉眼不壞。供燈者的雙眼明亮，不致成為盲人或視
　　力受損。

三、得於天眼。供燈者將來可獲得天眼。

四、善惡智能。能分辨善惡法，懂得因果取捨，智慧超
　　越一般人。

五、滅除大暗。具有超勝智慧，能滅除自他心相續中的
　　愚癡黑暗。

六、得智能明。智慧超群，不受外界各種誘惑。

七、不在暗處。不會轉生在邪見或黑暗之地，住於光明
　　殊勝之地。

八、具大福報。轉生為具有大福報之眾生，不造罪業，
　　具有修持善法的機緣。

九、命終生天。命終不會墮入惡趣，即使生於人間，也
　　不會生在具邪見者之家。

十、速證涅槃。能於很快的時間中證得聖者的果位。

　　當然，索達吉仁波切也提到，供燈的發心也非常重要，要以遣除眾生之無明黑暗來發願，而非僅是為了一己之利來求。

　　這天晚上，大夥兒聚在一起，每個人都在心中許願，點亮了一盞盞的油燈。莊嚴肅穆的氛圍中，每個人臉上都帶著藏不住的喜悅與笑容。由油燈所排成的卍字和藏文的「嗡嘛呢唄咩吽」照亮了佛殿，頓時讓人心中升起無限的感恩與歡喜之情。我們此時能有這樣的因緣，除了感謝盡心盡力為我們付出與安排的仁波切和他的弟子們，更應該要感恩的是正法能住世，而我們又有如此的善緣能學習佛法、親近善知識。

　　我們與蓮師曾經到訪的空間，在同一個時刻中有了交集。我也相信，以蓮師的慈悲願力，能突破時間與空間的限制，至今仍能深深的影響著我們，如同我們也身處在與他相同的時空，能夠憶念他代表了釋迦牟尼佛所說法的完整體現，智慧與慈悲雙運的不爭象徵。

　　自白天在法會中所獲得的法喜，延續到了這樣一個喜悅平靜的夜晚。每個人的心中，我相信一定都獲得了佛菩薩慈悲願力的加持，不管深淺度如何，能在心續中種下善的因，就是此行最主要的目的與收穫。但也就在此時，我們的成員中已經有人受不了高原反應，決定住到寺院外的小旅館去了……

第三章

・世界最大佛學院／五明佛學院・

佛學院創建者：
如意寶晉美彭措法王

當前影響漢藏兩地佛學深遠的慈誠羅珠仁波切、索達吉仁波切、丹增嘉措仁波切、益西彭措堪布與希阿榮博堪布等，皆為如意寶晉美彭措法王的嫡傳心子，他們都來自色達喇榮五明佛學院。傳承自晉美彭措法王的法脈，這些大堪布不忘法王諄諄教悔與遺訓，清淨持守戒律，廣行弘法利生事業，在「講、辯、著」上的成就，皆令人讚嘆敬佩不已。

不論他們的書籍是如何的暢銷，課堂是如何的爆滿，他們始終不忘自己的具恩上師，以身為佛子為榮。在此，更讓人感念雪域大士如意寶晉美彭措法王的誓願與利他廣行的大恩德。

晉美彭措法王在最困頓的環境中仍不畏艱難地創建了色達喇榮五明佛學院，更在 90 年代到印度傳法，佛澤廣披，讓無數人動容，傳為一時佳話。

色達喇榮五明佛學院由法王於 1980 年創立，攝受了包括漢族在內的四眾弟子。他為了讓藏地的女眾享有與男眾同等的受戒出家機會，建立了尼眾僧團，並由其外甥女門措上師

領眾，創造了多達 4,000 多人的女出家眾規模。不僅人數眾多，所培育出來優秀的堪母更以豐富的學問與修為前往各地分院講經說法。

　　漢藏兩族四眾弟子在輝煌時期超過上萬人，因此在 1993 年被美國的《世界報》稱為「世界上最大的佛學院」。以龐大寺院建築與僧眾規模聞名於世的拉卜楞寺也都相形失色了。我們此行之目的也正是要朝拜這位 20 世紀大成就者的一生事業所集之處。他在那無明的年代中仍保有不害他之慈悲心與淨戒，不畏各種艱難，這樣高尚的人格就如淤泥中的蓮花而不染。大乘聖者的悲智雙運，弘法利生之大願與廣行，在如意寶晉美彭措法王身上體現無遺……

世尊授記 蓮師心子

　　如意寶晉美彭措法王自小聰慧好學、辯才無礙、志向遠大且道心堅固，越是在艱困的環境下，越是能看見他的弘願與高貴品格。法王的一生事業，其有如繁星一般的弟子們便是最佳的見證者。盡其一生，所有時間與精力皆投入在弘法與修行上。據考，法王前世的多世化身中，曾為蓮花生大士

心子降魔金剛、伏藏大師貝瑪聽列與列繞林巴。為了調伏不同根器的眾生及弘揚印度與雪域不同宗派的教法，而有隨適眾生的不同化現。

世尊曾在二千多年前於《文殊根本續》中授記[3]：

名為阿字[4]大德者，受持佛陀之正法，

具慧功德諸尊敬，授記獲證正等覺，

將悟我之諸菩提。

而蓮花生大士更在之後進一步在《甚深幻鏡》中預言及說明：

我子降魔金剛者，將於康區新龍地，

潺潺緩流江河畔，巍巍三峰雪山前，

3　參見索達吉仁波切所著《雪域大士晉美彭措法王傳》。

4　梵文阿是指法王晉美彭措，即阿白拉江。

龍年降生密咒師，成爲列繞林巴尊，

修持無上密乘道，開取諸多伏藏品，

倘若緣起自然聚，遣除濁世諸災難，

廣弘顯密之教法，伏藏大師於人間，

住世八十一週年，七位弟子證佛果，

一百五十名眷屬，獲得中等之成就，

結緣眾生四千餘，爾後轉世之靈童，

雞年誕生於多康，名有阿字通三藏，

教法住世三千年，九百獲得大成就，

隨行瑜伽六千餘，結緣眾生有七萬，

大師年壽八十六，後世降生於衛藏，

虎年誕生名吉祥，住世三十三週年，

教法住期二百年，三名弟子得成就，

結緣有情千餘眾。

此世再過三世後，又於康藏交界處，

龍年生在富貴家，具足善巧之方便，

名爲無礙金剛力，成爲一切伏藏主，

廣行弘法利生事。

　　列繞林巴大師也曾在圓寂前暗示他的轉世將在洛若寺弘法，他對洛若寺的僧人們說：「幾年後我將來此常住，廣弘顯密教法，那時達西喇嘛作你們的輔導教師。」（法王後來在該寺傳法時，達西喇嘛作他們的輔導師）。法王生於 1933 年藏曆正月初三的吉祥日，也正是釋迦牟尼佛顯示神變降伏六外道本師之殊勝日。

　　法王小時候聰明調皮，但卻從未做過傷害他人、違背佛法之事。相貌端嚴，流露出一股不凡脫俗的氣質。由於九歲時父親的逝世帶給他極大的悲哀，對於生老病死的痛苦輪迴產生了強烈的出離心。他深刻的體悟到「在家人如在火坑中，出家眾如住涼室內」。14 歲時，即堅定決心捨棄世間一切，在紮宗堪布索南仁親座前剃度受沙彌戒，自此踏上了他的佛行事業，開始了精勤不懈的聞思修出家生活。

　　好學的法王依止了許多位具德與具相的善知識，廣泛地聞思顯密教法，學習五部大論，此時就已開始為適宜的有緣者轉妙法輪，勤奮不倦。15 歲已開展了聞思修的智慧，16 歲時更撰著了《大圓滿實修密訣》，證悟已達登峰造極之際。

堅定道心，慈悲淨願

16 歲時因聽聞托嘎如意寶的聖名而生起強烈欲依止他學習之心，法王暗自盤算無論如何一定要前去觀見依止他。但當時因母親積勞成疾，臥病不起，他不忍心就此拋下重病的慈母，因此暫時放下遠離家鄉的念頭。隔年，母親因病去逝，他因雙親皆早逝心中哀淒不已，心想：今後除了正法，我已再無其他依戀，應當尋訪具德相之善士。料理完慈母後事即打點行李，不管親友如何阻擋，他還是想辦法在夜深人靜時與約定好的同修悄悄的踏上前往石渠的求學之路。

法王不畏路途艱困，歷經千辛萬難後終於抵達石渠江瑪佛學院，並觀見托嘎如意寶。一見師顏，便生起了強烈的信心，此後更認真地領受顯密教法，特別是大圓滿的灌頂傳承竅訣。22 歲時，在托嘎如意寶前受了比丘戒。僅管後來法王歷經了動盪時代，卻始終護戒如眼。當時的法王在瑜伽修證上其實已可接受空行母，但為了利益及攝受同行的出家弟子，一直堅定的以比丘形象弘法。

26 歲時，藏地發生變化，許多寺院毀壞，高僧大德中不少人因而趣入涅槃，在此期間，法王仍舊選擇在草原山林靜

處搭起帳篷，建立道場，每日為眷屬弟子傳講顯密法要。

　　藏文化的珍貴遺產，在那段歲月中，所剩無幾，沒有完整的僧團修學正法。就在這樣的時刻，法王以驚人的毅力及魄力，承擔起了振興雪域佛教的重責大任。他排除萬難召集了為數不多的藏地比丘，商議舉行傳戒儀式。此後為數千位僧眾傳授沙彌及比丘戒，僧人逐漸增多的情形下，僧團又再重新建立起，將式微的別解脫戒重新健全完善。

大乘聖者，弘法利生

　　在雪域佛教處於百廢待舉之際，於 1980 年，在山巒跌宕有如六瓣蓮花的喇榮溝中，五明佛學院正式落成了，法王也自此開始了其日趨巔峰弘揚佛法的雄偉事業。在 100 多年前，聞名於世的一世敦珠法王在此處建立了密宗道場，曾有 100餘座的修行茅棚，共有 13 位弟子在此獲得虹身成就。但後來這裡卻成了人跡罕至的荒谷，直到法王的蒞臨，又讓這裡恢復了昔日的光輝。從最初的 10 多人，逐漸發展到數千人的龐大僧團，不分漢、藏，也不分男或女，直到被譽為世界上最大的佛學院。

　　法王的聖名在雪域藏地已是家喻戶曉，甚至遠傳海外。雖然此時身體健康情況已不復以往，深受疾患所苦，但為了廣大眾生的利益，仍不辭辛勞前往各地傳法。經過深思熟慮、反覆思考且深觀每一個緣起，1986 年時他決定自隔年起朝拜五臺山後開始周遊各國，前往各地弘揚佛法度化眾生。

　　最讓我感動的，其實法王如意寶可以不必這麼辛苦四處講經傳法，他大可進入僻靜之處禪修，可是他心中卻始終掛念眾生的苦難與希求。哪裡有需要他的，哪裡有人請法，他便不假思索，為利益眾生的事業而奔忙。這不正是大乘聖者的願與行？自他青年時期到晚年，沒有一刻不是在轉法輪、揚正法。如此的一位大成就者，其眼光深遠、目標明確，從不負身為人身的瑕滿，為我們示現了菩薩的弘願與廣行。

　　在十世班禪喇嘛的邀請之下，法王前往衛藏的扎什倫布寺參訪並與各派高僧展開佛法上的研討。此外，也走訪了蓮花生大士所創立的桑耶寺。

　　在那裡，法王有感而發的說：「一切有為法都是無常的，往昔蓮師為我們眾弟子傳密法時，桑耶寺是何等地輝煌壯觀，可是如今已面目改變了。」

　　1990 年受貝諾法王之邀，法王與隨行弟子展開了尼泊爾、印度、不丹等一連串的弘法參訪行程。此間除了會見頂果欽哲法王、貝諾法王等大師，也為印度的藏傳佛寺僧眾傳法灌頂。此外，也走訪了世尊在印度境內的 4 大聖地，龍樹菩薩的弘法聖地吉祥山，以及蓮師聖地蓮花湖。

　　1993 年，有近 45 萬人參加的極樂法會接近尾聲之時，法王收到了來自美國、加拿大及歐洲等許多國家佛學中心的邀請。自此，法王又展開了長達 3 個月的環球弘法行程，其中也包括了日本、臺灣及東南亞等地。

　　1995 年時由於種種因緣，法王示現重病，決定前往成都進行治療。後來雖然病癒，他老人家仍舊是帶著老邁的身體持續為利生事業忙碌著，每日仍不斷傳法。

　　法王一生當中最重視的就是講經說法，自當年仍在江瑪佛學院時，每天都得講不下 7、8 堂。講法時如教如理、引經據典，語言通俗易懂，一般民眾皆能輕易理解。他透過自身的修證而宣講，讓聆聽之人有非常強而有力的感受。雖然法王的講辯著及內在修證功德已然無可挑剔，但顯現給世人看到的仍然是精進修持，讓人敬佩讚嘆！

誓願

　　法王受到各方的尊敬愛戴，觀音尊者為法王如意寶撰寫
了長壽祈請文 [5]：

　　吉祥兮廣大資糧所成十力主，世尊聖之勝聖釋迦王，
　　　　雪域怙主蓮花生大士，祈賜一切勝妙之吉祥，
　　　　依何眞實無死之成就，方便易於賜予之本尊，
　　　　壽命自在無量三世尊，祈請佛教聖者壽增長，
　　　　離戲大樂俱生之法身，周天虛空金剛無畏者，
　　　　三界中圓滿之妙喜悦，祈善慧增添者金剛持，
　　　　宣説如所説法語自在，勝義本性現見智慧廣，
　　　　大悲利行此世界無比，祈願堪欽善言月長壽，
　　　　共與不共所知精通智，律儀菩薩密戒悉清淨，
　　　　六度生圓瑜伽堅固贊，願一切正法明燈長壽，
　　　　依顯密法教之大船艫，惑業苦海中無邊有情，
　　　　救渡臻於解脱勝寂位，願善置眾生導師長壽，

5　　參見索達吉仁波切所著《雪域大士晉美彭措法王傳》。

　　為利有情息增懷誅，稀有連結如日光燦爛，

　　照耀雪域連園花蕊開，願雙足永固不動長壽，

　　共三寶三根本大悲力，離一切戲本性真實力，

　　無比上師雙足永堅固，願妙善事業遍滿諸方。

　　法王對雪域藏族子民，甚至是所有曾與他結緣的人都給予了無比的法益，其貢獻之大無可比擬。

　　「清淨戒律是佛法的基礎，聞思修行是佛法的精髓，弘法利生是佛法的結果。」

　　「希望你們能記住兩個要點，既不要干擾其他眾生的心，也不要動搖自己的決心。」

　　即使有一天我已不在人世，我期望我的弟子們能夠堅定不移地修持並弘揚佛法，力爭將佛法的智慧之炬一代代地傳下去，這就是對我最好的紀念與報恩。

　　　　　　　　　——如意寶晉美彭措法王臨終教言

　　法王對弟子們數十年的諄諄教誡，濃縮精華便就是他的臨終教言。在末法時代所呈現的許多亂象，密法的濫用，不

清淨持戒的僧人……這些偏離正道的現象，若法王仍在世，
心裡一定很難受吧！或許他當年也早已預見如此的情景，所
以特別道出「清淨戒律是佛法的基礎，聞思修行是佛法的精
髓」，沒有清淨持戒作為聞思修的基礎，我們也很難懂得學
佛的動機是不害與利他；有了持戒做為基礎而聞思修，才更
能體會佛法的精髓。大智者的高深智慧，一句話便道盡釋迦
牟尼佛教法的心要。

　　學習佛法的道路漫長寂寞，每一個修行人在無盡的輪迴中，既要抱持著慈悲利他心，又要能不去干擾其他眾生的心，尊重每一個生命的示現，同時，更不能被動搖的是自己求道的決心。法王的開示意義深遠，值得我們好好去深思它真正的意含為何。

　　他經常說：「我今生中最大的願望就是將凡與我結下仇緣或親緣的所有眾生都引到極樂世界。雖然有東方現喜剎土，鄔金銅色吉祥山剎土等許許多多清淨剎土，可是像極樂世界那樣功德圓滿，又極易往生的淨剎卻絕無僅有，而且往生後可以成就一切所願，無勤度化一切有情……」因此，他舉辦了數次盛大規模的極樂法會，使無數有情眾生與他結下殊勝法緣。

　　法王已然成為藏傳佛教寧瑪派最具影響力的喇嘛，他成就無上金剛乘大法，顯現生圓次第證果的無數跡象。雖然法王如意寶於 2004 年 1 月 7 日在成都示現圓寂，但他的教法隨著傑出的弟子們已承接弘揚到世界各地。

壯哉！喇榮五明佛學院

　　進入喇榮五明佛學院後，映入眼簾的，是有如六瓣蓮花般的連綿起伏山巒，以及滿山谷屋頂閃耀著紅光的僧舍，細窄的巷弄間穿梭著藏紅色僧服的僧尼們。雖然已見過不少五明佛學院的照片與影像，但震撼人心的場景在缺氧的海拔3,700公尺高原上，仍然讓人醉心不已。朵朵白雲，在蔚藍的天空中低飛劃過，遠處彷彿還能聽到寺院裡傳來的梵唄聲。寧靜祥和，連這裡的狗兒和動物們都特別柔軟可愛，讓人不禁想，若人間有佛國淨土，那一定就在此刻我心中與眼前。

　　喇榮溝在諸佛菩薩與上師們的願力加持下，空氣中常年彌漫著吉祥。

　　寧瑪大師尼敦秋傑曾在《蓮花深藏》中說到：

　　　　懷業山溝蓮花開，洛若金鷹空中翔，
　　　　宏亮聲音傳十方，飛禽皆集彼羽下。

　　這段話描述了如意寶晉美彭措法王在喇榮山谷的弘法事業。此時此刻，站在山上遠眺整個喇榮溝，讓人感動萬分，

不禁憶念起法王對我們的無私付出與廣大利益。他的弘願與廣行，利益不只一代的藏人，更廣傳遠在萬水千山外的我們，而我們也願意不辭辛勞地翻山越嶺而來⋯⋯

六瓣蓮虹光聖地

　　喇榮五明佛學院位於四川省甘孜藏族自治州，離色達縣城約 20 多公里，離成都約 680 多公里。在藏地區域屬於康區，位處海拔 4,000 公尺以上的群山之中，年均溫僅攝氏 0 度左右。一般而言，多數朝聖者若不是自行開四輪傳動的越野車，要不就是包車前往。畢竟在缺氧的情況下，於高原上背著背包或行李從色達縣城走到寺院，實是很辛苦，雖然僅 20 餘里。

　　從成都到色達，可搭乘大眾交通工具，即所謂的班車前往，票價約 144 人民幣左右。車班一般在早上 8 點左右出發，途經馬爾康休息一晚後隔日再換車至色達。成都往馬爾康的車次較多，有許多人選擇搭車到馬爾康後，在當地旅行幾日才動身前往色達。

　　喇榮賓館可算是學院內較具規模的對外賓館，住宿條件

不是太差，位在學院內的山上，也就在大幻化網壇城附近。
不僅床鋪乾淨，也有公共衛生間，只是它不受理預定，旅人
或朝聖客以先到先有為原則。因此短期停留的人一般大多會
選則住在色達縣城上的賓館或招待所。雖然在這兒的住宿與
生活條件刻苦，但朝聖者與遊人始終絡繹不絕。特別是適逢
大型法會時，學院內往往一下湧入不下四萬人。來到這兒的
人們大多都被其寧靜的氛圍所感染，許多人後來選擇留下來
修行，尋找內心中永恆的歸宿與安定。

　　五明佛學院位於喇榮溝內，周圍主要的 5 座山峰將此山
谷環繞成了一朵綻放的六瓣蓮花。學院的東方有一草原名為
蓮華喜苑，南方名為空界虹雲旋繞，西方名為山王璣達瑪
尼，西北方則有森林名為眾歡喜。四周環繞著許多靜謐的修
行處，而這些實修處也是如意寶晉美彭措法王傳授祕密瑜伽
的殊勝之處。

　　早在 1880 年時，大伏藏師第一世敦珠法王在 46 歲時已來
到此地建立修行道場，轉動法輪，其 13 位弟子最終也在此獲
得虹光身成就，所以此處又稱作大密光身解脫隱處。

　　這裡因為有許多成就者修得虹光身成就，所以也為喇榮
溝又增添上了許多祕密不可思議的修行故事。無垢光尊者根

據《日月吻合續》在《句義寶藏論》中提到，學密宗的上等瑜伽士有 4 種成就相：一、無餘微塵而成就；二、為度化他眾以滿天彩虹之光身而成就；三、光身消於虛空而成就；四、肉身直接消於虛空而成就。據索達吉仁波切總結（錄自智慧之光），成就者圓寂時大致會有 4 種不共徵相：一、肉身直接飛往清淨剎土；二、以智慧火完全焚燒了異熟肉身，或僅餘頭髮、指甲；三、以智慧火焚燒異熟身後，身體縮小，未完全消失；四、出現其餘虹光、彩雲等瑞相。在密續當中，將生前所證悟到的透明光蘊體及圓寂時的這 4 種成就便稱為「虹身」或「光身」。

在許多大成就者的加持與授記之下，這裡儼然成為許多修行者心目中一生必前往一次的聖地，更有許多人將此地視為是修行閉關的隱處。山巒環繞，溪流蜿蜒，夏時百花齊放，鳥兒與蝶蜂翩翩飛舞，遠離塵囂、清幽離俗。雖然偶爾的大雨及冬日的大雪易給山溝中修行的僧尼們許多不便，但當陽光灑落在這黃金谷中，處處閃耀著紅色光輝，予人感受到莊嚴寧靜的聖潔氣息。

有教無類，眾生平等

1980 年，法王如意寶偕同約 10 位隨侍前來喇榮。為了使當時已快油盡燈枯的藏地聖教得以振興，回復昔日光采，在此地倡建了五明佛學院。在法王示現的苦修行儀與智慧下，對此地眾生產生了極大利益與歡喜。由十方慕名而來的具信弟子更是絡繹不絕。1983 年時，學院建設包括了東方的惡聚自解洲、南方的希願遍生洲、西方的顯心統御洲、北方的十方尊勝洲及中央的二利任運洲五大學院。

佛學院於 1987 年時，更獲得十世班禪喇嘛的高度讚賞與肯定，親自到訪並賜予「色達喇榮寺──五明佛學院」墨寶作為匾額。此時的五明佛學院除了藏族僧尼外，尚未有藏族居士和漢族弟子。尼眾在當時也不似目前的人數，只在顯心統御洲占有少數。

大成就者多珠根桑銀彭（菩提金剛）在 200 多年前於《未來預言》中提到：「單堅阿拉木天喇榮溝，鄔金蓮師化身名晉美，彼於菩薩四眾眷屬中，廣弘顯密教法如明日，利生事業頂天立地也，清淨所化眷屬遍十方，凡結緣者皆生極樂剎。」當時早已預見了晉美彭措法王與喇榮五明佛學院的弘

偉佛行事業。

　　敦珠法王由空行母所賜予的授記中也有關於此地的記載:「此為空行德女尼,蓮花空行聚集洲。」所以也有人稱此聖地為蓮花空行聚集洲,同時也預知了將是女出家眾聚集修行之地。

　　喇榮五明佛學院的創立對於藏區的女性出家眾或在家修行者都有相當重要的指標性意義。

　　自古以來藏民多以農牧為主,其中在安多與康巴地區又以遊放為最主要。成年藏族男性多外出放牧,而女性則扮演操持家中所有大小事的「一家之主」。她們成天忙碌,除了照顧家中老小,還得上草原做許多粗重活,有時還得因生計宰殺牛羊。要真能有閒暇時間去上課學習受教育,是真的很不容易,更不用說出家修行了。再加上藏傳佛教尚未重建比丘尼戒(目前僅有沙彌尼戒),在一向以男性僧眾為主的藏區社會中,尼眾可算是弱勢族群,學習資源有限,修行生活也特別清苦。

　　在法王與其甥女門措上師(益西措嘉空行母化身)的努力下,目前尼眾(在這兒也稱作覺姆)幾乎已占去了佛學院常住僧眾的一半人數,其中包括了不少優秀的堪母,地位等

同於佛學博士。

　　當然，這些覺姆們當中也有不少漢族女出家眾。佛學院有教無類的開放學習氛圍，吸引越來越多的藏族女性重視佛法學習。她們除了選擇出家，在家女居士也可前來進行長短期的進修或閉關。法王如意寶也規定，在學院裡男女眾在各方面一律平等。

　　「蓮花空行聚洲」除了是此地的名稱，也是尼寺的名字，它包含了剎生化身洲、咒生報身洲與俱生法身洲三個分院。在 2000 年時，尼眾人數多達 5,000 人，曾是世界上規模最大的尼寺。

大幻化網

　　佛學院最具代表性的大幻化網壇城，以象徵生命力的綠色矗立在喇榮溝的山邊上。壇城在一片藏紅色世界中，彷彿設立了一個座標，讓人在密密麻麻的僧舍區中，得以判斷所處何方。而每一個來到這裡的朝聖者，定不會錯過來壇城繞上三匝。該壇城目前也是世界上立體壇城放大為實體建築的首創。曾有影片拍攝從空中俯瞰整個壇城，其格局就如同我

們在唐卡中所見到的平面繪畫壇城一般，讓人驚嘆不已。如意寶法王的用心讓人敬佩，其目的是要讓一切有情皆能受到佛法滋潤，找到解脫之道。

為了方便觀修，壇城分為立體壇城、彩粉壇城（沙壇城）、繪畫壇城（平面布壇城）等多種不同型式。壇城用於自灌頂、他灌頂、修行供養、接受悉地與成辦事業等方面。其中立體壇城正是無量宮殿模型，主要為進行多種密法儀軌而起方便觀想之用。丹增嘉措仁波切曾提到壇城即是「完整

本尊世界」，梵文稱「曼扎拉」，直譯是「圓形圍」，其意義
就世俗象徵性而言，對於所依本尊無量宮殿中心周圍圍繞，
或是對於能依主尊、眾多天尊圍繞。

　　有關大幻化網，慈誠羅珠仁波切說明寧瑪派的修法分為
瑪哈瑜伽、阿努瑜伽與阿底瑜伽 3 種，其中最基礎的續部是
瑪哈瑜伽。它分為 18 大續部，其根本續即是《大幻化網》。
《大幻化網》的戒律，包括 5 根本戒與 10 支分戒，共 15 條戒
律，慈誠羅珠仁波切也提到，若我們能恪守此 15 戒律，便可
以算是清淨持守密乘戒。

　　大幻化網寂靜立體壇城的地基是面積巨大之輪，象徵無
有邊中、不轄於十方；巨輪由 4 幅輪與中央部分組成，象徵
斷除 5 種煩惱的 5 種智慧；上方建有方形的無量宮殿。據丹
增仁波切的解釋，圓形、方形、半月形與三角形分別代表
息、增、懷、誅 4 法，此地方形無量宮殿尚有象徵佛陀十八
不共法、十遍處與八勝處等功德無量增上。宮殿四方各有一
門，象徵依靠四解脫三摩地自然趣入大菩提，中層構築是象
徵法界本體的圓形寶瓶，上層則有蓮花座，其上有 13 層法輪
象徵密乘十三地，寶傘蓋象徵救度有情之大悲；圓形瓶身最
頂端的金剛寶則象徵平等心性。

宮殿內,中央端坐毗盧遮那佛,東方為不動如來,南方為寶生如來,西方為阿彌陀佛,北方為不空成就佛。宮殿四門有守護明王與明妃:大威德金剛與金剛鉤母、大力明王與金剛索母、馬頭明王與金剛鎖母、甘露漩明王與金剛鈴母等八位護法金剛,以降服邪魔之憤怒相呈現。四明王代表身觸、能觸、所觸、觸覺本際清淨,四明妃代表常見、斷見、我見、執相見本際清淨。寂靜尊包含地藏、金剛手、觀世音、彌勒、除蓋障、普賢、文殊等八大菩薩及其眷屬,六道導師。本尊數量:五方佛父佛母 10 位,男女菩薩眾 16 位,六道導師 6 位,明王與明妃 8 位,再加上普賢王如來佛父佛母,總共 42 位聖眾。

因此,由大幻化網壇城所示、意義與象徵,對有情而言不論是見到或者是進入,以身語意三門頂禮與繞匝,都能累積無量的功德、清淨毀戒罪障,並得以與本尊相應。丹增嘉措仁波切也提到,若能親見大幻化網壇城肯定是具足特殊因緣,應當發起清淨之心,精進努力懺業積福。

此行我與家人有幸能親臨此殊勝壇城,入內繞三匝,發現不少虔誠的漢族信徒,以及正在大禮拜的藏族修行者。他們臉上露出了平靜的神情與利他溫暖的笑容,讓我印象十分

深刻，感恩能有如此殊勝的因緣。

　　他們沒人逼迫，發願修行，一次次跪下、叩首、起身、問訊……如此大禮拜，是漢藏民眾發心的功課，在外人看來是極其無聊的動作，但在修行人的每日功課中是不可缺的。或許個人覺悟心性就在那一跪一起之間。

　　只要是修行人，無論是藏族、漢族在佛學院聆講、經辯、走路、休息、交流……他們都顯露出不急躁的自在，不求速度的認真表情，是一份善良、友愛的對境學習，從修行人的臉上看到的都是自然顯露的笑容，自在的氣質，歡喜的心。

　　是真、是善、是美的佛學院裡修行人，他們都非常珍惜時間，把握當下，為「弘法利生」不忘法王教言，及早畢業到十方各地弘揚佛法，教化有情眾生。

雪域利美明燈

　　如意寶晉美彭措法王與喇榮五明佛學院是著名的利美運動推行者。在雪域藏傳佛教宗派分歧的情況下，利美運動（不分教派運動）扮演了團結與復興藏傳佛教，實現佛法中

道智慧的重要角色。利美運動起源於 19 世紀，早期的推動者多來自於寧瑪派與薩迦派，他們希望能統一與化解不同教派間的歧見，對其教義與傳承同等尊重，以回到世尊最初的教導並保存藏傳佛教的傳統。

如此的利美精神，除了展現在五明佛學院傑出堪布們的弘法事業上，於大幻化網壇城中也可一窺而知。在壇城的東南方有三座佛殿：第一為薩迦殿，供奉薩迦五祖；第二為舊譯聖教殿，供奉師君三尊（藏王赤松德贊、蓮花生大士與寂護論師）；第三為嘎當殿，供奉阿底峽尊者與種敦巴。西南方則有中國殿，供奉彌勒菩薩、玄奘大師與成就者濟顛和尚等，另有覺囊殿，供奉埵波瓦與多羅那他等。西北方供有夏魯派祖師布敦仁欽竹、香巴派祖師津波瑜伽師等，另有噶舉殿，供奉瑪爾巴大譯師、密勒日巴與達波巴，善規甘丹殿則供奉了宗喀巴、克珠傑與賈曹傑父子三尊。

喇榮五明佛學院秉持利美精神，有如雪域明燈般弘揚推廣大小五明，正如寺名而言。大五明指的是：因明（正理學，也就是邏輯學）、內明（即佛學）、醫方明（即醫學）、聲明（即聲律學）、工巧明（即工藝學）；小五明指的是：修辭學、辭藻學、韻律學、戲劇學與曆算學。在《瑜伽師地

論》中提到五明是一切菩薩正所應求，在古印度那爛陀時期，精通五明者即可被尊稱為班智達。

　　佛學院除了法王如意寶外，其餘上師、堪布們也都謹遵法王遺教力行推動利美教育，誓願護持藏傳法脈清淨傳承。除了現任院長門措上師的有教無類佛行事業外，慈誠羅珠仁波切、索達吉仁波切、丹增嘉措仁波切、益西彭措堪布與希阿榮博堪布等，他們的利生事業於大眾有目共睹。堪布們精通藏、漢語，鑽研藏傳佛法與漢傳佛法，不因自己為寧瑪派傳人而有所局限。除了在世界各地不斷講經說法，辯釋及破除世人以為藏傳佛教或寧瑪派只修密而不讀經的謬誤，並大量出版著作及翻譯經典。

　　其中索達吉仁波切的著作，例如《苦才是人生》等，流暢易懂的語言及瞭解當代人所遇問題的善巧敍述方式，已成為中國甚至是海外心靈書籍類的最暢銷書，影響漢地佛法學習者甚深。慈誠羅珠仁波切不僅同樣有大量出版作品，並推動藏人應說藏語的事業，出版當代藏語詞典，彙整了許多現代字詞。此外，他更成立許多佛學讀書會，將苗芽散播至各地。益西彭措堪布則以其流利清晰的漢語，製作講解了宗喀巴大師《三主要道論》與《菩提道次第廣論》等之影片於網

路上流傳，善巧運用現代科技弘法。這些善師們的事業難以在此一一羅列，足可見喇榮五明佛學院的成果已在世界各地開枝散葉！

喇榮溝裡的修行人

　　如果沒有喇榮溝裡的修行人，也就沒有現在五明佛學院的榮景。我們眼前所見到的數以萬計的僧舍和寺院區，全是出家眾與修行人們一磚一瓦所親自建蓋起來的。許多的建材皆是就地取材，取水皆必須步行到水源地以人力搬運。在這裡除了心靈上的修行，同時也充滿了體力的鍛鍊。

　　由於高原土地所限，現在新建屋舍已極少，後來所至的行者，若要在此地長住修行，皆必須自行向當地已不再使用房舍的老修行人購買。至於房屋的修繕與電費等，都需由住屋的修行者自行負責及支應。

　　屋舍排列相當緊密，依著山勢而建，修行人往返屋舍區與學院經堂間，皆以徒步做為唯一的通勤方式。行者交錯往返，口中喃喃念著「嗡嘛呢唄咩吽」，手裡轉動著嘛呢筒，又或是持著念珠，靜默的行走著。雖然辛苦，但他們臉上總是逢人便笑得燦爛，即使互不相識。

　　他們雖然看似與世隔居，但和人們的距離卻是如此的緊密。人與人之間的訊息流通，靠的不是虛擬的網路世界，而是最真實的交流。雖然生活方式非常原始，但卻也是最自

然，最貼近人性。

在這裡雖然生活清苦，但他們卻一點也不覺得苦悶，反而比任何的都市人都更感到快樂與自在。他們日出前就展開學習與修行，日落時分整個學院地區炊煙裊裊，當夜幕低垂時，點點亮起的燈火與天上的星光相互輝映，讓許多旅人與攝影家駐足驚嘆……

在這空氣稀薄的壇城邊，絡繹不絕的藏民三五成群爬了上來，他們穿著髒得發亮的藏裝外套，自由自在的或大禮拜、或大步、或躊躇的在我眼前走過，趕集式的心情為了到此與壇城緊密團繞。

在我們看來近似乞丐的裝扮，他們在三、五個月前，結伴從更深遠的大山裡虔誠地爬跪到達這裡，這可是他們一輩子的願望祈求。

一對藏人夫婦年莫六十有餘，太陽曬得焦黑的臉龐，依然保持微笑，不時歡喜的站露出白牙。旁人不必要的憐憫同情，無法穿透藏人們的滿足與喜悅。我們謹守尊重原則，送上臺灣小禮物，算是表達一份尊敬。

生長在這裡的大多數漢人，打從臉上表露出來的就是汲汲營營的生意人樣貌，做著藏人、僧人的生意。挑小販賣小

菓、食品批發，或是藏僧委託到城裡代購物品。他們似乎不厭倦的奔馳在佛學院的南北僧寮間，都是現金交易。

拜見丹增嘉措仁波切

喇榮溝裡有成就的修行人不計其數，有些早已聞名於世，有些則默默修行直到圓寂時才顯現出虹光成就。來到佛學院之前，我們早已對這裡的修行者與他們的事蹟嚮往不已。此行，我們也有所期待，希望能遇到一些善知識。雖然因緣不俱足無法見到益西彭措堪布，但卻有幸能見到副院長丹增嘉措仁波切。此外，我的內人還在學院途中巧遇慈誠羅珠仁波切。在這樣的聖地能與善知識們相聚請益，實在是相當大的福份。

這次能見到仁波切，也是經過不小的考驗。想見仁波切的信眾，可謂是連綿不絕。有的想請求仁波切為家人加持祈福，有的則是遠道而來請求開示與請益、加持……。這些藏人扶老攜幼，風塵僕僕而來，花了很長時間排隊只為了見仁波切一面。

在這裡排隊可不像我們在臺北等捷運或公車那般有秩序

的線型排列。人龍占去了路面，搞不清哪裡才是隊伍的起始。但這一團人龍總是有默契的往某一個方向，也就是朝見仁波切的方向前進移動。他們的訊息流通相當快速有效率，在這裡並不會有廣播或大聲公宣布仁波切是否在屋內、何時開始接見信眾，當然更不會有網路群組來組織或動員聯繫。靠的都是人與人之間緊密的口耳相傳聯絡。

　　人龍內，若沒做好心理建設，一般可能會到達不了目的地。因為藏人雖然謙遜有禮，但並沒有誰先誰後的排隊概念。往往你客氣點，後方的信眾就會不斷往前擠，一瞬間就超前你。沒錯，這就是「插隊」，但在他們的概念裡可沒有插隊這件事。當他們超越你時，回頭還會再送給你一個如陽光般燦爛又滿足的笑容。你說，這該氣還是不氣呢？

　　我還遇到有個年輕婦人，衝勁十足，行動力超強，擠到我們都看傻眼了，後來才發現原來她這麼做都是為了家人。她是為了家中的幼兒而排隊，等到排到了就趕緊叫她的孩子進到隊伍裡來。見仁波切的隊伍又慢又長，吵鬧又混亂，一路上並沒有人來維持秩序或指揮。讓我們這些習慣排隊的臺灣人，真是經歷了另一場不一樣的修行課題。

　　丹增嘉措仁波切之所以如此受到眾人愛戴，正是有他的

背景故事……

　　安多麥哇地區，也就是四川省阿壩州紅原縣，在近代出現了3位修習大圓滿獲得殊勝果位的大成就者。他們分別是智悲光尊者化身－諾日丹增仁波切、虹身成就者－切旺仁真仁波切、無垢光尊者化身－索南貢布仁波切。索南貢布仁波切也就是丹增嘉措仁波切的前世。無垢光尊者在當時為最有學問與辯才的作家與教師，也被稱為「語自在」；而索南貢布仁波切不僅是無垢光尊者的化身，也是西藏佛法實踐者密勒日巴的化身。

　　根據前世索南貢布仁波切的授記，認定此世在麥哇出生的丹增嘉措仁波切為其轉世，後來也經由大成就者頂果欽哲仁波切予以認定。同時也有瑜伽士預言仁波切是蓮花生大士25位心子中瑪玡仁尊者的化身。仁波切在17歲時剃度出家。同年，因聽到晉美彭措法王的盛名與事蹟，產生了強烈的信心並萌發前往色達謁見法王的願望。在年邁祖母過世後兩年，因緣際會下前往五台山拜見法王，法王並邀請他到五明佛學院。基於各種因緣，仁波切放棄了麥哇寺坐床的機會，選擇到五明佛學院跟隨法王學習大圓滿教法。

　　他通達大小五明，在很短的時間內便擔任堪布。此外，

還撰寫了許多佛學著作、散文與詩歌。特別是在詩歌的表現受到法王與許多學者讚賞，被譽為「雪域語自在」。修行上，仁波切特別強調愛心與悲心的力量，以及對上師的信心與恭敬心。而這些都是證悟大圓滿教法不可或缺的必備條件，他本人更是這些要義的實踐者。

我們這群混亂、吵雜，等待見他的人龍一見到他時便立即安靜、安定了下來。他看到我們亂成一團，卻一點也沒生氣或不耐，反而是溫柔慈悲的看著我們，要我們慢慢坐下，並注意大家是否都進來了。在他身上散發出修行人沒有分別心、攀緣心的慈悲與智慧。和諧平靜的強大力量，讓一大群凡夫俗子能立刻被感染，甚至是被改變。他那不卑不亢、怡然自在的神態，讓我們受到極大的影響。我想，一位真正的成就者，在還沒開口說法前，他的每一個舉止便已經在傳法了，這應該就是菩提心與空性智慧的展現。

建設屍陀林，處處是修行

「屍陀林」一詞源自於梵語，即棄屍之處，也就是墓地；其護主也稱為屍林怙主。我們常會在唐卡中看到屍林護

法像，而他的顯現正是要讓眾生知道世間無常，人有生老病死，但我們總妄生執著，招致輪迴苦。我們現世所追求的一切，最終換回的不過是一具白骨。希冀透過如此的啟示，讓人們能放下執著，開展尋求解脫的智慧。

在屍陀林修行，有許多的功德。最主要的，便是使人瞭解「萬法無常」。唯有體會無常，我們才有可能放下對世俗間所有一切的執著與慾望，導向佛法的學習。不僅世尊曾在屍陀寒林中修行，蓮花生大士亦是。蓮師當年曾在屍陀林閉關苦修，除了依口傳及法本等儀軌修持外，每天所接觸的都是和往生者相關的事物。這樣的修持，就是要無時無刻提醒自己，生死無常，死亡何時到來並未可知，並由此克服心中的恐懼。

而大迦葉在出家後，全心投入頭陀苦行。最讓後人所熟知的，即是他喜歡常住於墳地或到塚間觀察屍體。他認為這樣的觀修，對於修持無常、苦、空、無我及不淨觀等，有相當大的幫助。雖然墓地對於凡夫而言是不吉祥的，但對聖者而言卻是最好的修行地。

基於上述的利益，丹增嘉措仁波切也擔負起了修建五明佛學院中屍陀林的重責大任。而此項任務也交由龍迦仁波切

的同門師弟來執行,後來我們參訪屍陀林時,也見到了這位僧人。在寺院中,僧人如被交辦工作,一般多不會抱怨工作內容或被指派工作的地點。他們認為處處皆可修行,並不因工作內容而有所限制,即使是在屍陀林的建設工地中。

初見這戴著太陽眼鏡、高身壯碩又不苟言笑的工程喇嘛,真感覺我們已進入地獄界。這遍半完工的屍陀林座落在佛學院一公里入口處的半山腰上。

五明佛學院內早已有天葬台,許多到此參訪的遊人大多知道每日下午一點三十分的固定時間會有天葬的儀式。如經許可,修行者可在一定距離外觀察整個屍身肢解及天葬的儀式。這樣的過程雖然血腥,但仍舊吸引不少行者前來屍陀林修習這堂生死無常的課程。而新建的工地中,也放置了一石碑,說明了天葬的意義與功德。

雖然在玄奘大師的《大唐西域記》中已經記載了古印度棄屍葬法的記錄:「送終殯葬,其儀有三,一曰火葬,積薪焚燎;二曰水葬,沉水漂散;三曰野葬,棄林飼獸。」然其野葬在意義上與西藏的天葬卻不相同。後者的動機有相當明確的布施行為,而布施在佛法的六度當中又是極為重要的修法,其重點就是修捨心。從佛教觀點而言,天葬已經超越了

民間的殯葬習俗，它蘊涵了更高層次的精神意義，且兼具供施雙重含義。此外，還因為捨棄 3 種我所：身體、受用、善根，而極具功德。

在與這位僧人聊天後得知，他白天除了在屍陀林工地監工，還得繼續他的學習與修行，直到晚上才回到僧舍。忙碌的情況，和我們一般的上班族沒有兩樣，可能還要花比我們更多的時間在學習上。我問他：「您這樣還有時間嗎？」他回答：「沒關係呀！我還有麵包。」意思是忙碌當中有麵包

▶ 喇榮五明佛學院屍陀林的興建監工者是龍迦仁波切的同門師弟。除了集體修行功課之外，日夜駐守於此。

吃即可，而且還可以省下時間。我開玩笑說，工頭不是可以
休息吃吃點心？他則說，回去之後仍舊是要繼續修行。這樣
的精進精神實在讓人敬佩！我想，就如許多智者所說的，若
能以心為壇城，一切便無礙，屍陀林亦可成淨土。

精進淨戒

　　喇榮溝裡的修行人也多以精進、持守淨戒而聞名，這樣
的風範主要來自於院長門措上師傳承自如意寶法王對僧團及
個人修為的嚴格要求。

　　佛學院的戒規，主要是依據別解脫戒、菩薩戒與密乘戒
所載之律儀為基礎，再加上圖敦卻培堪布所制定的三大規
矩：「僧伽眾意和合、持戒清淨、精進取捨諸業等。」當中
也包含了大小戒律。過去法王給予大眾開示教誡，也不定時
整頓聖教。他更親自頒布了喇榮法城及所屬分院之戒規，無
論是佛學院或分院，皆以此作為唯一基礎。

　　學院的基本戒規外，大致而言還包括不得飲酒、抽煙；
無論僧俗，不可無故攀緣、無意義閒聊；不得以煩惱或放逸
為動機觀看愚痴之視聽影音；不得擅自前往人潮聚集處、佩

戴飾品、歌唱、舞蹈等，或於城市、鄉間無意義散亂閒晃；不得利用上師及僧眾名義收受財物、招搖撞騙違背佛敕與法律，或捨棄僧服而著俗衣等。

空行母門措上師，對於戒律的持守極為重視。她始終遵照法王的行持規範要求，指導僧眾修習與日常行為威儀等，並加以嚴格落實。她自身不論於何時何地，均做到戒律清淨，從不說眾生的過失，對於習佛之人常以清淨心觀之。如果聽到有人對他人議論或談論是非時，她總會制止說：「看到別人的過失，只能證明我們的心不清淨；別人到底怎麼樣，我們誰也無法確定（諸佛菩薩為調化眾生無處不在）。我們應該注意善護自己的口業。」[6]

此外，門措上師亦以精進聞名。她在依止法王的期間，除了花費在學習經典聞思修的時間上，幾乎沒有浪費多餘時間於瑣碎之事物上。她總是非常深入探究與思維每一句法義，而每句法義總是再三思維後才進入下個法義的思維。以如此嚴格且精進的方式修學了經、律、論，並將法義完全通達及掌握。雖然門措上師累世修行已積聚了大成就，但為了

6　參見「喇榮慧光」網站有關門措上師的略傳。

度化濁世眾生，仍然示現精進聞思修。據聞她每天修行時間相當規律，清晨 3 點起床，上午多在接待與處理一些日常事務。工作完成後又開始修持善法，中午幾乎不休息，直到晚上近 12 點才入睡。

這樣的狀態，如非有堅毅、穩定的心，一般人多無法堅持下去。門措上師也經常教導人們，懶惰、貪睡、邪淫都是墮落的因，應多思維《大圓滿前行引導文》中的法義，並儘量做到諸惡莫作、眾善奉行。她很少離開藏地，即使是在藏地期間也多是安住於自己的修行之中。此外，她的衣食住行非常簡樸，對於俗務沒有任何執戀，唯一喜愛的就是修行與利生事業。

而學院中的僧人除了每日的學習與禪修之外，最常在大經堂或廣場上看見的，就是精彩激烈的辯經。

資深的、年少的紅衣大小喇嘛，在一天課程終了，蜂湧而出，離開大講堂。三十分鐘休息後，他們又一群群地在講堂裡外、廣場上、樓梯口……開始進行一天所學經論的辯經活動。他們不慍不火，但姿態超級誇張，一邊出題一邊質問，要求速答，又是擊掌又是跺腳，辯駁對方的答覆。正、反、反、正……不斷舉證申辯，可以看出大小喇嘛平時研讀

經論是否「廣博」與「深度」。辯經精采程度，取決於辯者
的學識與勇氣，傑出者都會引起學院內同儕者圍觀與助陣吆

喝，並得到推崇，其地位也因此而次第漸續提升。「辯經」是佛學院的傳統，看他們大無畏的勇氣與精神樣貌，絕不是我們在台灣所見識的出家人可比擬的。

許多人都清楚，辯經是藏傳佛教的主要特色，更被格魯派發揚的淋漓盡致，培養了許多博學、辯才無礙的大格西（佛學博士），但卻在一般的寧瑪派寺院中極為少見。而五明佛學院以利美精神同樣傳承了來自古印度那爛陀寺的法脈，清淨無誤地將這樣的學習方式給保留及傳承下來。

黃金山谷的日常

喇榮黃金山谷中的僧人除了繁忙的學習與修行時間外，也有日常生活輕鬆的一面。如同先前提到的，修行人在此需自己蓋房子及修繕。他們需自行挑磚石，以傳統方式來建蓋自己的小屋。甚至是屋樑上的彩繪，也都能一手包辦。他們在這裡所習得的五明，完全可以發揮在日常生活上。

除了修蓋房子，他們往往還能煮得一手美味的藏式家常料理。僧尼之間，男眾有女眾的細心與能幹，女眾也有男眾的堅毅與勇氣，彼此間因為修行在能力上越顯平等。由於高

▶ 在大轉輪前，興建中的佛學院行政大樓，隨處可見修行人精進的身影。

原上的水電資源相當有限，取得亦不易，所以在這裡的修行者們，必須量入為出，還得運用各種善巧方式來使用有限的資源。例如，我們在僧舍區發現有人使用遠看像是鐵鍋，又像是小耳朵天線的器具來收集太陽熱能，並在其上掛置了一個茶壺，以此方式集熱燒水，不需花錢買電，真是善巧讓人嘖嘖稱奇！

高原夜晚的供電相當不穩定，因為它也多是來自太陽能發電。因此學僧們常會利用白天的空檔，趕緊在陽光底下閱讀學習。我們就常在巷弄間的階梯上、草坡間，看到專注閱讀甚至朗讀出聲的用功僧人。

他們一邊享受陽光的滋潤，一邊浸淫在佛典的寧靜世界中。他們十分專注，多不會發現我們正欣羨的在觀察他們。有時陽光太熾熱，他們索性就用紅僧披蓋在頭頂上遮擋陽光，非常怡然自得。

如果你想寄信或包裹給在那裡修行的親友，想像他們如何能收得到呢？

這也是一個非常有趣的問題，特別是在密密麻麻的僧舍區，沒有門牌號碼，如何寄達。我們便觀察到在一定的時間，經堂前的廣場上有一大群穿著紅僧服的僧人們自四面八

方湧來，圍在一輛車邊，七嘴八舌不知在忙些什麼。經查問後，原來是高原快遞來收送件了。通常快遞會發簡訊到收件人的手機，告知大約何時會送達佛學院。僧人收到通知後便會到廣場上等待快遞到來，如果同時有要寄件的，就會在此時一起交件。換句話說，這高原快遞其實也等同是行動郵局了。

除了這些，也常會在寺院的各個角落看見修行人面對經堂或壇城做大禮拜或是轉經。他們善用所有的時間，不浪費在無意義的事情上，即便是煮飯、燒水、洗衣等為了維生的每日必須性俗務，也都會善巧簡化步驟，將時間與精力放在學習與修行上。雖然高原上的時光看似悠閑，但從他們身上也深刻感受到人身暇滿難得，必須善用並有效分配時間。

▶ 藏僧們利用反射原理，以陽光燒開水。

法會與課程

我們學習佛法的目的，不外乎是要調伏自心，滅除煩惱，進而協助與我們相同的人們得以透過正確的方法而獲得真正的快樂。這樣的利人利己，發展利他與不害心，培養慈悲與智慧也正是大乘佛法的核心。如意寶晉美彭措法王說：「清淨戒律是佛法的基礎，聞思修行是佛法的精髓，弘法利

► 龍迦仁波切要我們剪下頭髮、指甲⋯⋯等物，置入集裝盒一同隨法會儀軌、羽化於塵空中，象徵除去過去業障，重新面對未來新生命。

生是佛法的結果。」這句話已經可以完整道出行者們在大乘
菩薩道上的方向與目標。因此,聞思修在這條道路上所占的
分量極為重要。如果沒有正確的學習與修持,是不可能有後
面的成果。

因此,法王又說:「即使有一天我已不在人世,我期望
我的弟子們能夠堅定不移地修持並弘揚佛法,力爭將佛法
的智慧之炬一代代地傳下去,這就是對我最好的紀念與報
恩。」也就看得出佛法法脈清淨傳承與延續的重要性。所以
有計劃的培養僧眾,護持寺院與弘揚佛法於人間,是非常重
要的,特別是在濁世間更是刻不容緩。而每一個與五明佛學
院以及法王結緣的修行人,同樣也都身負如此之重責。

在我們決定要前往喇榮溝朝聖及學習前,有許多重要的
概念與資訊,也都必須有正確的認識⋯⋯

四大法會

喇榮五明佛學院一年當中共有四次重要的大型法會,分
別為:一、持明大法會;二、金剛薩埵法會;三、普賢雲供
法會;四、極樂法會。

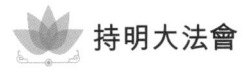 **持明大法會**

於每年的神變月即藏曆正月初一開始，為期 15 天。此間也為釋迦牟尼佛以種種神變降伏魔與外道之殊勝紀念日。法王當年親自為金剛阿闍黎，依據列繞林巴伏藏師所取出的伏藏法而舉行薈供法會。而當時來自十方不分教派的僧眾超過 38,000 人，法會也出現種種圓滿瑞相。法會圓滿觀音九本尊心咒 15 萬遍，目的主要是祈禱佛教正法廣傳十方，世界和平與安寧。此期間所做的善事，其功德也比平日行善功德要增上十萬倍。若能在此月精勤行善，可獲功不唐捐及迅速消除罪障、累積福報資糧。

金剛薩埵法會

於每年的薩噶月即藏曆四月初八開始，為期 8 天。法王特別選定在釋迦牟尼佛誕生、成道與圓寂等重大節日間舉行。法會期間，大眾共修金剛薩埵心咒圓滿 40 萬遍懺除業障。而此法會也是法王特別為漢族弟子所安排。於 1985 年，法王開取蓮師所造的金剛薩埵伏藏品時，在其儀軌當中，由

蓮師親自授記此法門將會對以漢地為主的眾生產生極大利益。此月是一年當中最神聖之月份,也是藏傳佛教特別重視的,此期間應致力依身語意三門行善去惡。

普賢雲供法會

於每年的明淨月即藏曆六月初一開始,為期 8 天。本月也正是釋迦牟尼佛轉四聖諦法輪的吉祥日。法會以共修《普賢行願品》為主,圓滿 100 遍及地藏長心咒 1 萬遍,或地藏短心咒 10 萬遍。法王一生極為重視《普賢行願品》,每日上課都要讓大眾念誦。他曾說:「我現在對什麼都無希求,但是對僧眾每天能念一遍《普賢行願品》卻有強烈的希求心。如果僧眾每天能夠如法念一遍《普賢行願品》,我住在此世間也覺得很有意義。」此月外做廣大積資,內修積資儀軌,依此漸次圓滿福智二資糧。

極樂法會

於每年的天降月即藏曆九月十八開始,為期 8 天。本月

為釋迦牟尼佛答應從兜率天返回人間的殊勝節日。法王曾說：「能夠如理如法念誦三十萬阿彌陀佛心咒以及一百萬阿爾陀佛名號者，必定能往生極樂世界。」而他晚年最大的心願，即是攝受眾生往生極樂世界。透過此共修法會，圓滿阿彌陀佛心咒 30 萬遍，可令眾生迅速累積往生淨土的資糧。此期間共同修持種種善業，所累積的功德福報不可思議，法王並以此鼓勵眾生精進修習。

持明大法會與金剛薩埵法會主要是結合密法儀軌，也是法王的前世從意伏藏中取出的甚深伏藏法。而普賢雲供法會與極樂法會則是結合顯乘儀軌。這四個法會的共修對於濁世中的我們而言，是非常重要的，它們分別代表了修持大自在的懷業、成就弘法利生，懺罪與除障，累積善資糧，往生西方極樂世界續往成佛之道邁進。

入學與學習

五明佛學院僧人以精進與淨戒聞名於世，因此也吸引不少修行人前來長住學習與出家。對於在佛學院中學習的出家

眾與在家眾，其入學資格是否符合佛學院要求，自然也就成為能否入學的重要條件。

　　不論僧眾或尼眾，在進入五明佛學院時皆須未曾違犯別解脫戒之根本罪或近似根本罪。如有以下情形者，則不允許加入佛學院：一、違犯金剛乘之根本墮者；二、擾亂具德上師意、損害上師身；三、與金剛兄弟相悖者。而在家眾則須具備強烈出離心並有儘速出家之希求心，必須為圓戒居士。居士經審查若所有相關條件符合規定後，需有佛學院弟子作擔保，由學院核發黃皮手冊才得以在寺院內常住。作保的保人須清楚瞭解此人是否曾受持過別解脫戒、菩薩戒及密乘戒，並於其所受之根本、支分戒等並無違犯之種種過失。如事後被發現有隱瞞違犯之情事，學院將會立即開除當事人與保人。

　　若是先前從未受過任何戒律者，於新受戒律後給予律儀與戒規之教誡。如未來違犯學院根本戒規，連同保人必須一起被開除。佛學院為使戒律受到重視及維持寺院清淨，不論僧眾或在家居士，都必須嚴格遵守此連坐制度。而此黃皮手冊也是作為證明佛學院合法常住弟子的重要證明文件。

　　弟子正式入學後，皆可依自己的學習程度來選擇課程。

多數人會選擇按部就班次第學習，也有些人會針對某一些經論一門深入專研。若是依照一般課程安排，學僧須從五明課程開始，每班皆會安排六位阿闍黎或親教師。學習上依個人程度情況而定，沒有絕對的時間表。也有不少人畢業後仍留在學院內精進修持，或是擔任教學工作。

　　佛學院當中有五明班級（聲明語法學、文學詩詞學、王朝法源學、醫方明醫藥學、工巧明手藝學、天文曆算學、內外語文學）、修心班級（簡要的內道思想四聖諦及因果等建立之次第等）、毗奈耶班（律）、量理班級（釋量論等）、中觀班級、阿毗達摩班級（對法，對治苦的學識）、般若現觀班級、續部典籍講解班級、口訣大圓滿禪修班級。另外還有特別班級，可修習噶舉課程等。

　　學僧一般多為早上 5 點多便起床，過後即開始背誦五部大論的偈頌及複習釋論。8 點前用完早餐則前去上課。課程中的親教師會給予約 1 個半小時左右的教學，課後由各班進行口試或問答。平日若有亡者的大體送達佛學院，則會由全體僧眾為往生者修持破瓦法。破瓦法會結束後，學僧們回各自房間用午餐，下午 2 點左右再回到課堂上。下午 3 點半後則回到各自房間自習。傍晚 5 點半到經堂參加辯經，通常都

會持續到 8 點多才結束。回房後喝完茶，便又開始自習及背誦五部大論，最後以晚課結束一天的學習。

修學完成後，可獲得的學位證書有以下 3 種：

一、戒律清淨之三藏者，堪布學位（須通達五部大論與
　　《大幻化網・祕密藏根本續》等）；

二、浩瀚五明博學者——惹強巴學位；

三、執持深密續部藏之超群智者學位（通達密咒理論超
　　群智者）。

大圓滿智慧

大圓滿法教為寧瑪派傳承中獨特且甚深的修行法門，佛學院中的修行人也多以此作為終生修行，邁向成佛解脫道之最高竅訣。

大圓滿的基礎也就是本有的「佛性」，也就是如來藏。因此大圓滿法認為佛與眾生平等，其不同處僅在於「覺」與「迷」。

凡夫由於無始以來執妄為實，被無明遮蔽，為煩惱所擾而不自知，故無法見到清淨本心。眾生只是尚未看到實相，透過修行其實都有機會明心見性。其修習主要分為兩種：立斷（藏語為「徹卻」）與頓超（藏語為「脫噶」）。

🌼 立斷

指的是斷除煩惱的根本，也就是「我執」，並由此而證悟本覺心生實相。其側重體悟心性的本淨空分並使其獲致解脫。依據佛教教義而言，成佛需具備圓滿佛的法、報、化三身，立斷修法認為三身為心性中本就圓滿具足，但卻因心

▶ 如意寶晉美彭措法王閉關修行處。

性被各種妄念、執著所蒙蔽而無法見到。立斷的修習便是掀除無明迷執，直見心性的本來面貌，並讓明心見性的覺悟鞏固，因而證悟而成佛。

✵ 頓超

有超越之意，也就是說其法殊勝過於其它，側重修悟心性光明顯現的法性境界。由透過定力修習四光，以眼與心相連的氣脈為引，使心性光明顯現，讓內、外智於智慧光直接雙運，化解五大所形成的粗質色身，成就光明虹體，如此而證悟實性、得菩提。

通過頓超的修習，可以修得肉身化為虹光。立斷，是較為基本的方法，修頓超之前須先修立斷。利用立斷的修法將心性上的無明與執妄去除，才得以顯現清淨本心，光明才得以明現。如果心體不明淨而直修光明，無法真正獲得解脫。

修習大圓滿的正行，一般皆要圓滿前行，也就是先做預備法的練習才能修持。所以大圓滿法的修行中，很重要的是需仰仗有經驗的傳承上師引導，將殊勝加持注入修行者的心意續流。而不同的傳承間，也會有不同強調的修持方法。

　　第二世敦珠法王曾對西方的弟子作過有關大圓滿見地與
行持的開示。他舉了蓮花生大士對於具信金剛乘弟子在修持
大圓滿時應有的態度為例說明。蓮師：「雖然我們的見地是
大圓滿的見地，但是我們的行持不能迷失在見地之中。」此
見地也就是我們一般所瞭解的，無論是輪迴或涅槃等萬法之
本質為空性的定解。可是此見地卻不是我們一般凡夫目前所
能現量親證。如果我們到處向人說：「一切都是空的，它們
是一味的，沒有功德也沒有罪障。」如此，將如同蓮師所
說，行者會落入邪見之中。

無國界學法堂

　　五月佛學院秉持度化一切有情眾生的平等立場，也為在
家眾設置合宜的學習環境。佛學院於 1994 年時，為藏族在家
居士設立了「善資糧雨降洲」法苑。來此學習與常住的多是
年邁的藏族在家眾。他們於受持居士戒後，不間斷且努力修
持行善斷惡。他們的人數約在 1,000 人上下，有獨立的住屋，
也會有定期法會。

　　對於非藏族的外來或外籍居士，則有「國際學法堂」為

▶ 佛學會法友們在龍迦仁波切帶領下，共修《普賢行願品》。

他們提供學習環境。國際學法堂位在喇榮溝之山腰，此法堂之設立乃因如意寶晉美彭措法王於當年前往五台山朝聖之時，向漢地信眾介紹藏傳佛教的見地與宗義，因而吸引不少喜歡藏傳佛教與藏地文化的漢族弟子前往學習。隨著五明佛學院的聲名遠播，除了中國各省的漢族弟子外，新加坡、馬來西亞與臺灣等亞洲佛教國家的弟子們也開始紛紛匯聚於此。

除了藏族在家眾外，亞洲與歐、美等各國的在家眾弟子

平均而言，約會有 1,000 多位的外國學生長期在五明佛學院進修與學習。

　　法王與學院的大堪布們，為了將佛法弘揚於世，也於海內外各地設有許多佛學講堂或佛法中心。此外，在藏地不少地方也成立了分院，主要有 4 座：第一、拿朗札寺院，法王前世列繞林巴伏藏師的寺院；第二、石渠江瑪喀寺院，即法王聞思學習地，也是堪布圖顛卻沛之寺；第三、藥原寺講堂——喇榮覺證自顯洲，也是伏藏師列繞林巴的取藏處；第四、苟波喇哲之能仁法稱洲。

　　此外，法王也在各地新建講堂與佛學中心，其心子們亦傳承弘願，使得學院弟子及傳承遍及雪域及海外。目前以臺灣為例，除了我們與龍迦仁波切整合北部與中部資源於 2012 年夏天成立的「中華寧瑪巴五明佛學會」外，還有圖登諾布仁波切所主持的「寧瑪巴喇榮三乘法林佛學會」。佛學會成立因緣主要源自於 1995 年，如意寶晉美彭措法王於香港弘法時，由圖登諾布仁波切徵得上師同意而籌組，並予以賜名「寧瑪巴喇榮三乘法林佛學會」。

　　各地的佛學中心除了致力於推廣佛學課程，透過各種符合社會需求與現代化科技的善巧方式弘法，穩定社會與人心

外,也推廣素食與放生的智慧、辦理助學,同時也護持喇榮五明佛學院。此外,非常重要的部分也就是出版佛學論著及析釋以讓正法弘揚,例如喇榮三乘法林佛學會出版慈誠羅珠仁波切等大堪布的《慧光集》系列書籍與影音光碟《慧音系列》等。透過便利的網路,弟子們隨時能觀看及聆聽慈誠羅珠仁波切、索達吉仁波切、益西彭措堪布等善知識的影片教導。

秉承法王遺訓,致力於漢地推廣藏傳佛法的索達吉仁波切,除了以親切易讀的語彙出版許多佛法生活化的智慧書籍外,近年更走入漢地各大學演講,將佛法的種子開枝散葉到未來的菁英當中。目前在佛學院師長們的努力與致力推廣下,短短幾年內,可謂已經建立了無國界學法堂。

▶　喇榮五明佛學院「功課表」立於大講堂門口處。

第四章

· 人生的課題／身與心的智慧 ·

天葬境域：生與死的啟發

死亡是我們每個人都不想面對，但卻都要面對的。有些人認為談論這話題會倒楣，所以都刻意避免討論它。以致於當意外發生或是要面臨死亡時，大多無法接受，心靈大受打擊之下也留給家人無助與痛苦。我們除了要面對家人的離去，還要獨自面對自己的死亡，如果我們認同佛法，認同無常，那我們該何時正視死亡這件事，並且去面對它？

這趟喇榮五明佛學院的朝聖行，我有機會觀看天葬的過程，對於生與死的啟發，帶給我不少衝擊與省思。面對這個課題，不管是父母或是自己，我都已經在做準備與練習，可能未臻完美，但希望透過此書，能給予大眾一些靈感及思考的機會。當然希望能以佛法的生活智慧，一起重視生與死帶給我們的意義與啟發。

如何面對死亡──安養、安寧、安度

我的雙親年事已高，父親 88 歲，母親 86 歲，不可避免的，我必須讓自己準備好老人家們可能隨時會離開的心理準

備。雖然如此，在他們有生之年，我還是必須善盡我的責任好好奉養、照顧他們。不可能因為學了佛法，認為反正事事「無常」，做了也是白費而什麼都不去做。正因暇滿人身難得，除了要珍惜自己得來不易的人身與時間，對我們摯愛的家人、朋友，一樣也是得用同理心去善待。對於像我這樣一個近耳順之年的中老年人而言，我也必須為自己做好迎接某日死亡到來的準備。

談到面對死亡的這個課題，我總是喜歡用「三安計劃」來看待，即「安養」、「安寧」、「安度」。目前，我與兄弟姐妹們面對雙親的「安養」計劃已經進入第 5 年，大夥兒輪流照顧父母，減輕彼此的壓力與負擔，同時也讓父母得以安心。

老人家面對死亡前的心理是否平靜是很重要的，而這又與安養計劃有關。安養的品質好壞來自於是否有事前規劃，其中包括心理狀態、社會福利政策、子女的責任、人際關係及財務管理等有很大關係。我也希望年輕人透由此書，深思及重視這個問題，不要當一個「活在當下」的「月光族」，應當有計劃的去規劃財務，至少在收入上能安排 3 分之 1 的比例做為未來「安養」計劃的使用，這裡頭包括了對父母的照護與自己未來的安養。

　　我個人也從照顧父母親的過程當中，體會到「安養」在人生階段的後期是非常的重要。它代表了對一個生命的尊重，一個生命應享有的尊嚴、安全與快樂。而這快樂，更是身為子女的責任。照養父母的這 5 年間，我們和醫師討論，特別是有關母親阿茲海默症的情況與照料。也因此而對於阿茲海默症的病症分類有了更深的認識，也更瞭解原來母親患的是嫉妒型的阿茲海默症。

　　我認為年輕人應該撥出一點時間，來研究與瞭解類似像這樣老年可能發生的病症，因為我們無法掌握如此的情況是否會發生在自己身上。而當你已經知道死亡即將到來時，又能選擇如何的方式離開？這些都是非常重要的生命課題。

　　「安寧」指的是人已經知道短期內會死亡，躺在病床上如何照料的過程。我的雙親因為還能自理生活，因此尚未到達安寧階段。我曾問過仁波切，如果人已經到了安寧階段，該如此面對？他說，若是一個有修行的人，到了最後多會以「破瓦法」來離開並獲得善終。對於一個學習佛法者、修行人而言，這勢必也會是我們將來需要重視的功課。但對於一般老年人在面臨人生最後階段的身心靈狀態，卻是需付出更多的關心與照顧。當然，這期間還需要有醫療資源、專業看

護，結合人權尊嚴與信仰等。

最後，則是死亡的「安度」階段。如何理性面對死亡？依靠何種宗教儀式？安葬方式？以佛教徒而言，安度的階段當中，還有面臨中陰身的課題。如何能在死亡中陰時持續修行，未來得以投生善道，這也是在往生前就應把握機會學習的，而這些內容都囊括在中陰救度的《西藏度亡經》當中，也被稱為聞即解脫法。

人往生的那一刻，越安定即越有福報，因為沒有恐懼、擔憂。圍繞在身邊的親友，越是不捨、難過，往生者則越放不下。不論自己或他人，我們都應該盡力讓一個生命的結束能獲得「善終」，若彼此是夫妻，應該讓自己的責任如何圓滿。最後則是「善往」，不枉此生的努力，未來得以投生在善道、淨土。

死與生的智慧

有了「善往」，則一個生命將可能再投生到美好的地方。因為有這樣的期許，人生在世時，便要行善除惡，累積善業，做一個善良的人。以佛教高僧大德的觀念，生命的死

亡與投生延續，就像是換一件衣服般，並不是結束。肉身老
壞了，未來投生又是一個新的開始，能持續心念再去做更多
未完成、有意義的事，這是多麼正向的觀念。

　　但人的習氣總是特別重，不願意去面對死亡，不願意去做
準備。但如果願意的話，就像剝洋蔥一般，可以慢慢一層一
層剝開，看到自己的執著與習氣，努力改變自己，成為更良
善。如果不願意改變的話，除了自己，任誰也無法幫得了你。

　　觀看天葬也帶給我極大的震撼與極深的影響。天葬臺，

也就是屍陀林，如同我們前面討論到的，為何修行人總是喜愛到屍陀林去修行？因為它能直接讓人感受到對死亡的恐懼。如果能坦然面對並放下執著，對去除我執與觀修無常有著極大利益。我總喜歡舉一個例子來說明，恐懼心來自於自己的想像。想像你不斷向一個杯子吐口水，一直持續之後，你自己的口水還敢再喝回去嗎？我想，多數一般人就不喝了。這正說明，這樣的恐懼或擔心，是來自於自己的想像與心的作用。而對屍陀林的恐懼，也是同樣的道理。

　　一些因意外往生的人，由於內心沒有做好準備，沒有「安寧」與「安住」，因此在死亡時，可能根本不知道自己的生命已經結束，肉身已經壞滅。如果本身也沒有修行，則容易變成無主的孤魂野鬼了。如果人在將老之際，對死亡能有所準備，心裡得到安寧，那是多大的福氣！天葬的過程，讓我深刻體會到人在死亡那刻要懂得放下，要能捨掉對身的執著。而藏人似乎也把死亡視為是一件平常的事，是生活的一部分。現場送終的家人，並未見他們哭哭啼啼、難過不已。他們認為往生的家人，已經和廣大無垠的虛空融為一體。該慶幸的是，禿鷲還願意分食這個肉身，就代表業障還沒有那麼深重。

屍陀林邊也有修行岩洞，可以讓修行人在此修行、修心，觀修死亡與無常，一切眾生皆平等。提昇人的心智，放下自我，改善與眾生相處的關係。而五明佛學院屍陀林的建設，目前由丹增嘉措仁波切主持負責。他同時也對於夢境的觀察有很多的研究。因此我們也鼓勵大家可以透過對於自己夢境的觀察作記錄，可以 30 或 90 天，甚或 1 年，來觀察自己的起心動念與變化，培養修行的意志力。特別是針對死亡的課題，更是刻不容緩。我也認為天葬是呈現佛教教義最高層次的表現方式，它不僅含有菩薩道布施的概念，也涵蓋了空性的智慧。

我們若能正確及正面看待死亡這個課題，即能得到許多生活上的智慧及明瞭生命的意義何在，也更能妥善利用活著的每一刻。

事死如事生

我們同行的成員中有一位法友，她的母親剛過世不久，帶了母親部分的頭髮和指甲前來天葬臺，祈求龍迦仁波切能為母親依照天葬的習俗（布施）在此為她誦經。祈福她能在

五明佛學院眾堪布、仁波切的弘願加持下往生善趣，結下親
近佛法的善緣。大夥兒隨著儀式發菩提心、持誦經文、圍
繞，為往生者祈福，當下也能體會到如此儀式得以讓人開展
無私利他心。我們也因為莊嚴的儀式、法友的孝順及廣大心
念，而覺得十分感動。

　　對於面對「死亡」，不管是在心態或是處理上，我認為
就如同面對「生」，就像我們迎接一個生命的到來，或是為
了要能維繫一個生命存在般的努力同樣的重要。這兩個課題
並沒有熟重熟輕的差別。

　　我非常喜歡「事死如事生」這個概念，它可以讓人經常
想到死亡與無常，更能珍惜自己活著時的意義與目的。因
此，我也認同某些儀式的確有其存在之必要性。同時透過僧
眾為往生者的祈福，除了為往生者祝禱，也更能利益到在世
的家人。透過如此的示現，提醒在世的人要重視生命與死亡
的課題。而對僧寶的供養，也能讓僧寶有資糧得以再去幫助
更多需要的眾生。

　　但同時，我們也不應該過分執著儀式的內容，例如人都
已經往生了，活著的家人卻因如何舉辦喪禮與祭祀等方式，
意見不和而大傷和氣，這絕對不是往生者所樂見的。若以佛

教觀念而言，往生者往往已在 49 天內投生，在此之後的祭祀都可以算是在世者對往生者的感謝與感念之意，若總是執著：他有沒有回來享用供品？我燒給他的金紙有沒有收到，有沒有被不相干的孤魂野鬼收去？包括華人總喜歡用擲筊的方式來問神或問往生者，既然往生者都已經去投生了，那這些問答對話又是代表什麼？

這些枝節都是在不斷增加我們對往生者的貪念與自己的執著，絕不是佛陀教法的原意。儀式莊嚴隆重且簡單即可，過於繁瑣與奢華只是更增加我們的貪、嗔、癡三毒，對於往生者或其他在世的人，一點利益也沒有。

我也鼓勵年輕人可以在平時試著寫下自己的遺囑或墓誌碑。透過這樣的方式來觀想生與死的課題，並立下生活的目標，以此為方向努力，小至利益家庭，中至利益社會，大至利益國家與世界，自身的潛能也都會被激發。聖提婆菩薩在《四百論》中說到：「思念我必死，若誰有決定，此棄怖畏故，豈畏於死主。」如果我們能時時刻刻念死無常，則定然不會貪著此生的受用與利益，能脫離因貪著所產生的煩惱，更增上去求取智慧，死亡並無可畏懼。

寂天菩薩在《入行論》中說：「晝夜無暫停，此壽恆損

減，亦無餘可添，我何能不死。」時間日日夜夜、分分秒秒不停地往前走，時時不等人，我們的壽命也隨著時間一點一點的正在減少中，更確定是離死亡越來越近。《佛說入胎經》中說：「此中半數為睡覆，十年頑稚，念年衰老，愁嘆苦憂及諸恚惱亦能斷滅，從身所生多百疾病，其類非一亦能斷滅。」人的壽命極短，年幼時無知不懂事，但長大後卻年年衰老，除了睡覺時間外，我們還得吃喝，為了生存還得工作，心念散亂，真正有在思考生死問題的時間真的非常少。如果我們能善用時間，積極面對課題，煩惱也絕對能越來越少。

無常與投資

我們的社會教導我們，人為了生活及追求更好的生活品質，值得把辛苦賺來的薪水投入在提昇我們日常生活的所需。隨著資本主義的深化發展，人們更發展出了一套以錢滾錢的投資理財之道，運用較少的資材，以投資的概念來獲得更多的利益。於是懂得投資，好像也變成了目前社會，甚至是全世界上流階層人士所追逐的目標，並奉為圭臬。但對於不懂理財投資的人，好像也就慢慢成了社會的中下階層或邊

緣人士。

　　這樣的社會集體概念慢慢超越了以往在經濟尚未高度發展的社會中敬老尊賢、愛幼孝親的道德觀念。人們講的是個人的能力與競爭力，展現的是弱肉強食與適者生存的法則。在這樣的集體概念固化下，人們好像慢慢忘了每個人都相同且平等的本質，例如無常、死亡。

　　做為一個在社會打滾多年的中老年人來說，我認同「投資」這個概念，畢竟人的生命與時間有限，如果能運用一些聰明且善巧的方式或工具來節省時間和體力，以事半功倍有效率的方式來獲得有益的成果，那絕對是每一個人都想要的。只是，投資的標的物一定得是錢財或房產嗎？可以是別的嗎？這真的是值得我們深思與討論的部分。

　　標的物有可能是「死亡」、「無常」嗎？我個人覺得是可以的，而且你投資後所獲得的利益不是此生而已，而是生生世世直到解脫之時。

　　例如，我為了死亡的準備，開始學習佛法，念死無常、善用暇滿人身修持善法，累積善業、開展利他心，將來得以往生善趣，甚至是獲得解脫；為了瞭解中陰過程，善用難得的中陰身階段修行，開始學習《西藏度亡經》與破瓦法等。

花在這些準備上的投資，雖然短時間內不一定看到成果，但卻是長期的利益，而且一定會獲得回饋，而不是短期的近利，享用完畢則用罄。不論有信仰或沒有信仰的人，大多數的人卻沒有察覺到這一點。

甚至有些在家修行人，都可能認為因為在學習佛法，而且因為無常，所以我們應該活在當下，不用累積財富，不必安排計劃，應當全部布施出去，應當全部隨緣。這樣的想法似乎又太矯枉過正。我認為在有能力之時，應當有計劃的分配及安排出世間與世間的各種資糧。並且在投資之時，瞭解因為「無常」，做好所有最壞的打算，包括像「養兒防老」這樣的觀念都應該要改變。

我有一些朋友已經在為他們的老年與死亡在做準備。他們一群好友 10 多個人在 10 多年前即互相集資，在鄉間買了一塊地，簡單蓋房子，準備在那裡一起生活度過晚年，就連後事都已經安排妥當，也不會麻煩到子女。我非常佩服他們，因為他們已經在實行對死亡與無常的投資，但我自己還停留在說和想的階段。

現代的年輕人因為大環境的壓力，有很多人有不想擔負責任或逃避社會的心態，而這些想法也會導致不想面對未

來，不想面對生與死的課題，同時也產生更多的社會問題。當然，家庭教育更是扮演非常重要與基礎的部分，而非只是把孩子丟給學校與社會去教育即可。因此有想法與能力的有識之士，甚至是我們的社會、國家，更有責任去擔負起以善巧方式引導思考死亡課題的責任。這包括提倡正信宗教信仰，不論是上教堂或是上佛堂。藉由思考死亡與暇滿人身，改善貪、嗔、癡等煩惱三毒，也是改善社會環境與人心的重要投資。

佛學與科學

當前的許多佛學大師，大德尊者與慈誠羅珠仁波切等，已經展開與許多科學家的對話，其中包括佛學與物理學（宇宙觀）、心理學等，或是禪修與心靈狀態的研究與出版。此外，大師們還與許多學術研究單位或學者，以學術討論的方式來舉辦佛法要義與當前社會、倫理、教育等領域為主的交流論壇，為現代社會的許多現象提出共同討論及解決之道。經由科學家與學者們的觀察與研究，已經足可證明佛教不是一個迷信的信仰，而是一個找到人們的痛苦根本問題與解決方法（解脫之道）的心靈科學。

佛學即是科學

也有人說：「宗教是毒藥。」經過這數十年的時間，藏傳佛教大師們的努力與在世界各地奔走，向世人介紹佛法，並敞開心胸與科學家、學者對談，提供研究素材，都實實在在的證明了佛法，它不只是狹義的宗教、信仰，更是人類智慧高度開發、發現根本問題與解決之道的最高體現。

▶ 及早生命覺悟的年輕人，其與天也齊壽哉！

　　打坐禪修是佛教僧侶必修的功課，禪定修行較深的人，能在精神與身體上顯示出與一般人不同的穩定狀態。因此，科學界對於藏傳佛教徒感興趣的部分，最早便是在神經科學領域。法國藏傳佛教僧侶馬修・李卡德（Matthieu Ricard）[7]與明就仁波切都曾以自身為例，提供禪修經驗對於大腦與心

7　馬修・李卡德（法語：Matthieu Ricard，1946 年 2 月 15 日－），為生化學家與藏傳佛教僧侶，現居住於尼泊爾雪謙寺，著有《快樂學：科學家僧侶修練幸福的 24 堂課》、《僧侶與哲學家：父子對談生命意義》等書。

理健康的結果，讓科學家們以科學儀器來對其腦波等進行測試與深度研究。如此，禪修便為神經科學的研究提供觀察與實驗，並得到了研究成果，證明禪修可以調節大腦的功能，減輕抑鬱與焦慮等精神問題。

　　如同明就仁波切在自己的書《世界上最快樂的人》當中所談及的，他藉由禪修改變了性格與性情，獲得了極大的寧靜與快樂。當然現代人常患的文明病，諸如癌症或憂鬱症等，都能透過禪修獲得某種程度上的改善。因此佛學當中的一些修行方法因經得起科學驗證，得以逐漸在注重科學與理性思維的西方世界獲得推廣與支持。此外，西方許多心理學家也嘗試把佛法教義中的慈悲心融入運用在患者的治療中，效果也十分顯著。

　　藏傳佛教傳承自古印度那爛陀大學的「攝類學」、「心類學」等針對因明邏輯與佛教心理學的學科，都是在訓練修行者獨立思考與判斷的能力。其精神與科學研究方式有相當一致的部分，那就是以宏觀、微觀的不同客觀角度來探索與理解世界的本質。因此，藏傳佛教的大師們會對科學有興趣，其原因就很容易理解了。

　　除了禪修與慈悲心的運用與研究外，美國著名的精神科

醫師大衛・霍金斯博士（Dr. David R. Hawkins）透過 20 多年的研究，也證明了善、惡有能量頻率，人的身體會隨著精神狀況而有高低強弱起伏。他發現誠實、同情心與理解等正向情緒能增強人的意志力，改變身體中粒子的振動頻率，從而能改善身心的健康，而開悟可達到最高的頻率。信任的頻率居中，傲慢、怨恨、發怒、焦慮、害怕、懊悔、冷漠、惡念則是逐漸降低頻率，邪念導致最低頻率。當人產生這些負面能量，就會開始削弱自身的頻率。

　　大衛・霍金斯博士發現許多人會生病是因為沒有獲得愛，只有痛苦與沮喪，而具備慈悲正能量的佛菩薩名號，其驚人的頻率卻足以讓人信心增長、減緩病症。他發現一個開悟的人出現時，其能量足以影響一個地方的磁場，例如他親眼所見德蕾莎修女在諾貝爾和平獎頒獎典禮上的時刻，全場的人都被她的能量感染而不起惡念。當然，若一個人有很負面的情緒時，不僅傷害了自己，也影響了周邊環境的磁場。

　　以上概略介紹只是牛背上的一根毛，作為一個 21 世紀的正信佛教徒都應以佛學大師們為榜樣，破除迷信，進而去瞭解佛學與科學間的微妙關係。

科學驗證佛學

當代量子力學（物理學分支）是科學界最被重視的一門學科，主為描述微觀物質，與相對論被認為是現代物理學的兩大基本支柱。而愛因斯坦也被認為可能是科學文獻中最早給出「量子力學」術語的物理學家。量子力學目前也已被許多佛學大師與科學家認為可以作為描述許多佛教義理證明的重要科學知識。它不僅可以解釋「平行宇宙」（物理學術語，多重宇宙論）的概念，說明在我們生活的宇宙之外，很可能還存在著其他的宇宙（佛教經典中的宇宙觀），還可以證明靈魂（即意識）的存在。

科學家目前已研究發現，人類大腦中的量子資訊形成了所謂的「靈魂」，當人往生後，大腦微管的量子資訊會離開身體而進入到宇宙當中。說明我們的靈魂並非只是大腦神經細胞的交互產生，它們形成於宇宙之中；此論也可以解釋瀕死體驗者的神祕記憶。人類意識是宇宙的一部分，這樣的概念正與佛教的理論非常類似。這當然還包括輪迴當中，後世可以想起前世部分記憶的理論。

所以現在也有越來越多的科學家認知到，在大腦神經的

層次上並無法真正地瞭解意識。若要研究意識，則需要在微觀的領域中探尋，要在量子的層次上進行研究。實驗也證明，量子力學關係一旦啟動發生後，就會保持下去，微觀粒子能夠保存這種記憶能力，並不受時空限制。這種微觀粒子的特徵與人的意識極為相似。

「對佛教理論來說，量子力學的誕生卻是一個很好的支持和順緣。雖然佛教並不需要什麼外界的支援，它本身就有一套完整而無懈可擊的理論基礎，但現代物理學的這一新突

破，又從另一個側面證明了佛教理論的顛撲不破。從這一個角度來說，現代物理學堪稱為邁向空性殿堂的階梯。」慈誠羅珠仁波切在《當心經遇上量子物理》一書中所提到。他認為如果利用量子力學的概念來推導佛教的理論，也比較能被現代人所接受。

　　雖然目前量子力學可以拿來作為證明佛教理論的一個科學工具，可以證明我們眼睛所看到的世界原來並非真實，眼睛沒看到的不代表就不存在。它雖然很接近佛教的觀點，但並不等同於佛法。

　　「很多人由此而產生了誤解──既然量子物理與空性的境界都是不可言傳的，那麼量子物理與空性就應當是一回事。這種看法是錯誤的，量子物理只是往空性的方向邁進了小小的一步，離真正的空性還有天地之遙，所以，如果將空性與量子物理相提並論，混為一談，就完全曲解了空性。」「佛法不是量子力學，量子力學更不是佛法，它們之間是有著很大差別的。但是，利用量子力學，卻可以間接地讓大家接受一些佛理。」「當量子力學與佛教攜手並肩地走到這裡的時候，量子力學就停滯不前，而佛教卻能夠繼續前行，並最終走到量子力學根本看不到的、遙不可及的地方。佛教的

很多其他領域，量子力學是根本無法想像的，這就是量子力
學與佛教的差別。」慈誠羅珠仁波切最後再提醒到。

　　因此，我們可以更加的確認，佛陀所說法的內容是可以
經得起驗證的，佛教並非只是一個迷信的宗教信仰。它的智
慧，已經超出一般世俗凡夫所認知的學識。

▶ 與慈誠羅珠布研究五明佛學院的環境改善 C.S.R. 的可能。

榮格的追尋

當代心理學家對於佛法深入研究並得出成果與貢獻者，非榮格莫屬，其許多理論與見解也都可以看出與藏傳佛教極為相應。

卡爾 · 古斯塔夫 · 榮格 (Carl Gustav Jung, 1875-1961) 為瑞士著名的心理學家、精神科醫師與分析心理學的創始人。他突破了弗洛伊德在學說論述上的局限，將心理學與歷史、文化、宗教等結合而進行研究。21 世紀，人類在物質文明的發展已達到巔峰，但內心世界卻是相對空虛，造成心靈不平衡與人格不健全的一些現代文明病。榮格認為若能將西方心理學與古老的東方精神修行結合，對於人類探索心靈與控制心靈，會有更深入的認知與體悟。

「首度將我牽引到佛教教義世界的，既不是宗教史，也不是緣於哲學的研究，而是我身為醫生此專業的興趣所致。我的職責在於醫療精神的苦痛，由於這個原因，我不得不熟悉人類偉大導師的論點與法門，他提出有關『苦、老、病、死之鎖鏈』的理論……研讀佛典，對我助益匪淺，因為它訓練人們看待痛苦，可以客觀的看；對於其起因，可以採取一

種普遍性的眼光。」[8] 這樣的因緣，說明了榮格之所以鑽研佛法，是透過他的觀察與研究，以科學的角度來獲得理論。

榮格所創立的論點「集體潛意識」（也譯為「集體無意識」）與佛教的「阿賴耶識」有極相似之處。他認為「個人潛意識」之外，還有一個「集體潛意識」層次。個人潛意識是純粹個人性的，而集體潛意識則是透過遺傳而先天存在，可能從未在意識中出現過，它如同整個世界一般廣大、開放。它是心靈的深層結構，可跨越時空作為「心靈的遺傳」，這樣的論點與「阿賴耶識」即有相應之處，如同是意識的「藏」，可以儲存過去、現在與未來的一切作用信息。

「我發現了曼陀羅符號。為了確定，我花了十餘年的時間收集其他的資料，才宣布我的發現。曼陀羅是一種原型的意象，經歷時代的證實，意味這自體的完整性。這一圓形意象代表精神基礎的完整性，用神話的話來說，即是神性以人形顯現。」[9] 榮格針對佛教的曼陀羅提出了自己的見解。他

8　榮格《東洋冥想的心理學－從易經到禪》，楊儒賓譯，商鼎，2001 年，148 頁。

9　榮格《榮格自傳－回憶、夢、省思》，413 頁。

► 龍迦仁波切於烏金咕嚕寺的住處，
炊煙裊裊。

認為曼陀羅是宇宙表象，是宇宙力量的聚集點，而人則是宇宙縮影。在精神上進入曼陀羅並向中心前進，象徵了宇宙的分解與和合，此過程也是心理整合的過程，可以幫助人格恢復完整性。

此外，他也非常推崇《西藏度亡經》。「自從《中陰得度》（即《西藏度亡經》）出書以來，它一直是我常年不變的伴侶，我不但從此書承受了相當多的刺激與知識，而且連許多根本的根本性洞見也承自此書……這種哲學包含了批判性的佛教心理學之精華，我們可以說，此書雄偉岸然，是無從比擬的。《中陰得度》的內容屬於最高階段的經驗心理學，我們的哲學與神學如何呢？迄今為止，它們恐怕仍處於中世紀的、前心理學的形而上階段。」[10] 他認為《西藏度亡經》的內容都是從無意識的原型成分創造出來的，眾神（諸菩薩）的世界，就是我們心中的集體潛意識。

「集體潛意識」理論，可算是榮格心理學與佛教思想的連結橋樑。他所提出的一些觀念，我們也都能在佛教當中找到相似或相應的概念。

10　榮格《東洋冥想的心理學－從易經到禪》，4-5 頁。

環保與世界

　　不論是觀音尊者、晉美彭措法王或大寶法王的呼籲，要我們愛好和平、珍惜資源、愛護生命，都提醒我們人的生存與自然環境有著相當密切的關係，而這在佛典當中也都是能找到根據的。隨著科技進步，人類的行為已經威脅到了這個世界所有生命的共存延續，嚴重破壞生態環境與資源。究其根源，乃來自於人類的貪婪與無知，缺乏對生命的平等觀與尊重，換句話說，喪失了同理心與慈悲心。

　　佛教是一個講求環保，愛護世界生命與和平的先進思想。雖然佛陀在教法中並未明確規定佛教徒一定得吃素，但不殺生、利他的想法，直接的傳達出了對所有生命一視同仁的尊重，而放生也是同樣的概念。只是多數人常忽略了此核心價值，認為吃素、放生是為了累積自己的功德，讓所求皆能如願，因而造成不顧環境平衡而浮濫放生。但如能真正理解佛法的要義，人們應該培養的是一個不害他、憐憫與慈悲的心。

　　人類社會能否永續生息，主要取決於自然環境能否穩固且平衡的存在下去。而自然環境能否穩固的存在下去，又是

取決於我們的思想與行為。但貪慾使人們沒有意識到人口的暴增、科技發展造成的資源流失與負面效應等,正在快速破壞我們所居住的地球。佛法所闡述的「少欲知足」,即與環保的概念有著息息相關的連結,並且深深影響著我們的道德觀與行為。

目前西藏的美麗冰河有很多部分已經開始消融,當然這只是冰山一角,世界上還有許多動物因為森林過度砍伐而無家可歸,瀕臨死亡邊緣;又或是人類為了滿足的私欲,剝奪許多擁有美麗毛皮動物的生命。如果人們能夠改變揮霍的生活習慣、讓消費習慣合理控制、過簡單而便利的生活、認同自己是世界的一分子,盡心且知足,那麼我們所居住的世界,其生態平衡一定可以獲得改善,天災人禍也就可以減少。

如同許多佛教智者所說的,我們修行的目的不是為了要建立華美莊嚴的寺院,而是要開展慈悲、利他、修持六度(布施、持戒、忍辱、精進、禪定與智慧),發掘人類特有的潛質。我們必須藉由修行懂得人與大自然間互為依賴的實相,如果我們破壞了大自然,也等於正損害人類社會。讓每個人都能培養同理心與悲憫心,展現世界責任感,在時局極為紛亂、恐怖主義橫行的氛圍下,成為非常重要的一個環節。

▶ 前往 700 年前蓮花生大士的生命道場──原始修行路。

　　慈誠羅珠仁波切在「慧燈之光」的一篇文章中，提到現代人需要 7 大精神裝備來解決與面對我們現在所遭遇的問題與困難：一、尊重因果，行持十善；二、少欲知足；三、放下；四、感恩；五、思維輪迴是苦；六、饒益他人；七、自我提升（透過具體的禪修方法）。當前世界所面臨的許多問題，其實在佛法的智慧中都可以找到解決方案。當然，不一定要成為佛教徒才可以。無論任何宗教，只要能開展利他心，尊重其他生命的存在，認同個人與大自然間互為緣起的概念，即能對我們的環境與生態平衡有很大的幫助。

生活與實修

　　佛法的智慧，提供了我們許多面對問題與困難的積極解決方式。除了座上的禪修之外，更重要的是如何將佛法的核心教義與方法，落實到日常生活當中，繼而減少煩惱，找到究竟的快樂。大乘佛法教導我們的，並不是出世的自我修行、脫離煩惱即可，更包含了廣大的為他人解決問題的智慧與實踐。在利他時，也已完成了利己，自己和他人，是密不可分的整體，而非分開的獨立個體。這樣的智慧，我們可以在現實生活當中找到驗證……

五加行要義

　　在藏傳佛教的修行上無論是哪一個派別，多數的修持法門為了要匡正行者的動機、排除障礙、累積善因緣與資糧，皆會在正式行持前需圓滿前行，即加行。以大圓滿法教或其他續部的修行法門作為邁向成佛解脫之道的最高竅訣而言，更是需要圓滿前行，即先做預備法的練習才能修持。加行的目的，主要是在修行前能以特定的方法將心安住，清淨動機

後才得以修持更高的修法。雖然各派的修持次第與內容或有些微差異，但主要的內涵皆相同。

一般而言，常見「四加行」或「五加行」，內容為：皈依、發心、懺悔、集資、頂禮（上師瑜伽或稱上師相應）。藏傳佛教密部行者除了三皈依：佛、法、僧之外，尚須皈依金剛上師，也就是四皈依。皈依需透過身、語、意三門的完全專注作為修持重點，憶念諸佛菩薩的慈悲、智慧與功德，

▶ 佛學會玉娟、伶莎一同與我感受藏民女主人的民宿空間。

▶ 朝聖修行程旅中的草原體驗。

對三寶建立堅定的信心，願所有眾生皆能離苦得樂，願自己能追隨諸佛菩薩成就佛果位。皈依的修法，一般多會以大禮拜的方式作為修持。藉由大禮拜，觀想自身與傳承上師、佛、法、僧融合並安住，以皈依大禮拜累積功德，生起智慧，修行由此而開始。

發心的目的，也就是發菩提心，是要讓自己瞭解追求佛果的目的為何？成佛對其他的眾生而言有何意義？藉由發四無量心「慈、悲、喜、捨」：「願諸有情具足安樂及安樂因，願諸有情遠離痛苦及痛苦因，願諸有情不離失無苦之樂，願諸有情永離親疏愛憎安住平等捨」，與四弘誓願「眾生無邊誓願度，煩惱無盡誓願斷，法門無量誓願學，無上菩提誓願成」等，匡正自己的修行動機與心態，確認自己的位置與出發點。

藉由修念金剛薩埵來遣除自身無始以來所造罪惡之業，得以破除無明之暗，獲得智慧光明。修行者可以透過四力懺悔來對治及淨除業障，如同宗喀巴大師所說：一、破壞現行，藉由懺悔惡業感果之道理，並依止三十五佛或金剛薩埵等悔除；二、對治現行，藉由讀誦經句、理解空性、持百字明咒、對佛之信心、供養、受持諸佛名號等方式懺悔惡業、

消除業障；三、遮止罪惡，即依於第一種力量防護心不再造惡業；四、依止力，皈依上師三寶，廣發菩提心。藉由上述四力懺悔及拔除惡業，清除修行上的障礙。

　　透過 11 萬次廣大供養，修持供養曼陀羅（又稱「獻曼達」）累積成佛所需之福德與智慧二資糧。我們所供養的是整個宇宙，並以宇宙間最好的珍品，透過我們最虔敬的發心、慈悲心去供養三寶。如此，便是極為殊勝、真實的供

▶　龍迦仁波切在旅程途中要我們發心同修、唱吟經文、祈求和平。

▶ 莊嚴「壇城」佇立喇榮溝的山嶺上，它是智慧磁場、人間善地。

養，並不要求回報或執著。當然供養時不能過於執著曼達盤
的材質或供養物，最重要的是自己的發心。據聞宗喀巴大師
在修持時並沒有好的曼達盤，而是以石板作為曼達盤，以石
頭作為供養，仍能修得如此廣大無盡之福智資糧。

　　在調整動機（皈依、發心）、除去惡障及累積善資糧
後，我們還需要依靠上師的加持，來排除心相續當中的所有
障礙，證得諸法的實相境界，如此即為修持上師瑜伽法。藉

由上師的加持、修持訣竅與行者本身的虔誠與堅定信心，能
讓我們自然證悟，明見自己的本性。此法門也是釋迦牟尼佛
教法中最深奧的法門。上師瑜伽法對學習密法的修行者而
言，是非常重要的部分。依據許多歷史記載，密法（續部）
行者可藉此在一世之中成就佛果。它不僅是加行，也是正
行，也是大圓滿修法的「道」、「果」的成就來源。

在生活中實修

在能瞭解五加行的要義與內容後，我們即能把這樣的心
念融入到日常生活當中。如果時間與空間允許的話，能有個
小佛堂並每日頂禮供養是非常好的緣起。每天能挪出一點時
間禪修，觀想諸佛菩薩功德，調整自己的心態。空閒的時候
能多持咒，使心不散亂。持咒時，同時必需瞭解咒的內容
為何。以蓮師心咒「嗡啊吽 班扎 咕嚕貝瑪悉地 吽」為例，
「嗡」象徵一切諸佛的身，「啊」象徵一切諸佛的語，「吽」
象徵一切諸佛的意，「班扎」象徵東方部諸佛之金剛種性，
即金剛薩埵之心咒，「咕嚕」象徵寶生部諸佛種性，即寶生
佛之心咒，「貝瑪」象徵蓮化部諸佛種性，即阿彌陀佛心

咒,「悉地」象徵事業部諸佛種性,即不空成就佛心咒,
「吽」象徵中央如來部諸佛種性,即毗盧遮那佛心咒。也就
是說,當我們持誦蓮師心咒時,五方佛的佛號、心咒已經都
包含於其中了。

　　仁波切及師長們也常不斷提醒我們,持咒不要流於型式
與次數,如成為貪執或造成他人的障礙,這就不是持咒修行
的原意了。應在正確發心及瞭解咒語的動機下,清淨持誦,
安定心念,培養慈悲利他心,如此障礙自然即能減少或消除。

　　藉由禪修與持咒,可以讓我們在一日的生活當中把心安定在當下,生活更有紀律,減少妄念。隨著不斷的練習養成習慣後,我們在說任何話或做任何行為之前,定然會晚 3 秒鐘做決斷或減少衝動。如此 3 秒鐘的轉念,

▶ 財旺喇嘛一路上陪同我們。

可以讓我們降低身語意三門所造成的惡業，減少對他人的傷害。當然也可以增長我們的觀察力，有了敏銳的觀察力，智慧自然可以慢慢升起。

　　透過有方法的將心安住、穩定，並觀察生活中所發生的問題，利用在佛法中所習得的智慧，來面對及解決。不間斷的觀察、驗證，而得出來的結論、定解，則是在這個過程中自己所獲得的最佳寶藏，是別人偷不走也無法與你競爭的。如此，就已經是在生活中實修，不一定得到佛殿或深山中禪修才能獲得。

　　索達吉仁波切在《苦才是人生》當中提到：「他們總覺得學佛是在逃避，實際上，不承認後世，對下輩子沒有任何打算，才真正是一種逃避。你這一世只有短暫幾十年，死了以後多少萬年、多少世的快樂和痛苦，都取決於這一生的業力。如此重要的事情，你能輕易忽略嗎？」這段話提醒我們，學佛是為了面對我們的生活，甚至是更長遠的未來，這是一件極正面且勇敢的事。

　　他還說：「佛教最重要的就是要關心後世。」

　　然而，現在的大多數人對此沒有任何概念，包括一些學佛的人，也把佛教看成是獲得今生快樂的捷徑、給心理帶來

安樂的手段，至於最關鍵的解脫大事，或者生生世世的快樂和痛苦，自己從來也沒有考慮過。

有時候看這個世間，就像月稱論師在《中觀四百論大疏》中所說，「整個國家的人都發瘋了，國王最初是清醒的，但眾人看到他與眾不同，紛紛指責他是瘋子。結果國王也不得不喝下毒水，跟他們一樣變成了瘋子。」因此，我們很幸運能值遇佛法，它可以讓我們在生活當中悟到真實的智慧，找到最究竟的快樂。

閉嘴即是最好的修行

我們在生活中，不論是工作、家庭或是其他的人際關係場合當中，最直接感受到的煩惱，可算是來自於他人對自己的評論、是非與耳語。有時，一些惡意的話語或流言總是直接或間接的影響了我們的生活與判斷。很常發生的，我們總是會因為一些別人對我們的評斷或是中傷而難過或自卑不已，或是要跟對方舌戰以證明或捍衛自己的利益。當然，我們也總是可能為了某部分的利益而去挑撥、傷害他人。

智者頂果欽哲法王在《唵嘛呢唄美吽》一書中說到：

「當人們聚在一起談話時，內容大多言不及義。他們的對話主要起於貪愛和反感，只會增強煩惱。這些毫無意義的談話會擾亂我們的心，讓我們的念頭如風中的紙旗飄蕩不已。諺語說：『嘴是罪惡之門。』綺語、謊言、惡口、饒舌都會導致無盡的干擾和內在的不平，即使是伶牙俐齒與滔滔辯才也往往只會使我們浪費時間，引起麻煩。」

語業，是最常見也最容易造作的傷害，它顯示出我們內心利己害他的貪愛慾望，並且可能在負面能量累積到某種程度之後，去造作「身」的傷害，例如受不了流言蜚語而去做傷害他人或自己的行為。因此如果我們能控制自己的嘴巴，並對他人的話語修持忍辱，那我們已經能夠減少自己和他人一大半的傷害了。

「用一個月時間持咒並且禁語，比花上一整年時間持咒但仍摻雜日常談話更有助益。一如前者般正確修行，沒有其他任何談話的侵擾，持誦的咒語可以保有其全部的力量，最後能通達超越語言文字之現見實相，因為嘛呢咒是不落言詮實相的自然共鳴。如果你藉禁語來排除日常生活中無止盡的閒聊，且只念誦六字大明咒，你的修行將進步神速。」頂果欽哲法王如此建議行者，透過禁語修持來觀見自心。

　　當然，閉嘴不是代表我們就不問俗事，不關心他人。這樣的方式在修行的過程當中，不帶主觀評論，而是客觀的觀察與自省，能讓我們看見自己的缺失，讓心更澄淨。當自己煩惱減少了、智慧增長了，此時所說的話才更能利益他人及解決問題，而不是增長不必要的煩惱及製造問題、紛爭。

　　五明佛學院的門措上師，也把這樣的修持視為極重要的規範要求。她除了重視戒律，將規戒嚴格落實在僧眾的日常行為、威儀等，自己從不評論他人的過失，對於佛門之人，常以清淨心觀之。如果聽到他人耳語，議論別人的時候，她即會制止說：「看到別人的過失，只能證明我們的心不清淨；別人到底怎麼樣，我們誰也無法確定（諸佛菩薩為調化眾生無處不在）。我們應該注意善護自己的口業。」[11]

　　更如同如意寶晉美彭措法王所言：「**既不要干擾其他眾生的心，也不要動搖自己的決心。**」我們毋需對於他人的修持指指點點或給予評論，因為我們同樣也在修行的道路之上，只不過是一個凡夫。我們無法全面得知他人的問題與內心的境界，不足以給予教導或評斷。若是能秉持利他動機，

11　參見「喇榮慧光」網站有關門措上師的略傳。

給予他所需的建議與協助，在其徬徨無助之時給予一盞智慧明燈即是最好的幫助。當然我們自己也毋需因為他人的耳語或評論而喪失信心，甚至動搖了自己的決心。如此，已經是行走在利他的道路之上。

面對的智慧

我們之所以學習佛法與修行，為的就是調伏自心、降低煩惱與傷害，增加內心的快樂。

► 藏民淳樸自在、真心付出，協助我們搬運行李、煮食……

　　生活與工作即是修行場，我們可以在當中去檢驗佛所說的法是否對我們，甚至是對其他生命有益。佛法並不是避世，其最終不是就只有出家或閉關一條路。它正是教導我們面對問題的態度與智慧。藉由面對問題與處理，不斷粹練我們的潛能，而不是逃避問題。許多學佛者，總以逃避的心態來面對問題，但我們逃得了一次，難道下一次就不會再出現同樣的問題？而且當我們越想逃避，好像問題越是會接踵而來，如果我們認真觀察，它真的就像是某種定律一般，讓人無法脫離。

　　當前社會很多的問題，皆是來自於自私心。人們不願意扛負起應盡的責任，不認為個人是群體的一部分，例如家庭教育、社會責任與環境維護，甚至是大至國家、民族發展等問題。人們大多只看到近利，而忽視長遠的整體利益。因此製造許多社會問題，例如啃老族、隨機殺人、恐怖主義、富者越富貧者越貧等。一旦問題發生，多認為把自己顧好就好，不必管那麼多，反正自己也沒有能力去改變。這樣的心態，使得我們的生活衍生了更多的冷漠與自私。人與人之間的距離切割的越來越遠。

　　大乘佛法教導我們需有慈悲心、利他心。因為明瞭他人

的苦，我們為了增加他人的快樂，會增加自己的能力，進而去幫助他人解決問題、遠離痛苦。因為「面對」，我們能生起勇氣，有了勇氣就能去解決困難與問題，如此更能升起智慧。慈誠羅珠仁波切說：「大乘佛法沒有任何其他的想法，唯一的目的，就是利益眾生。怎樣才能更圓滿地利益眾生呢？比如說，向缺衣乏食的人伸出援手，布施一些物資，為他們解決生活上的問題；抑或救死扶傷，通過自己的醫術，為身染重疾的人解決病痛之苦，或者照顧沒有陪護的病人等等……」[12]

　　「然而，僅僅這些還不夠，大乘佛教是要徹底究竟地利益眾生。什麼是徹底究竟地利益眾生呢？就是幫助眾生解決生老病死的問題，為什麼呢？因為，如果生老病死的問題還沒有從根本上得以解決的話，雖然通過扶貧，可以暫時解決一些生活困難，卻不能永久性地解決問題。」慈誠羅珠仁波切又進一步作說明。因此他認為我們應該要讓自己具有智慧才得以幫助其他眾生。為了要更圓滿的幫助他們，首先必須消滅我們的自私心。如果自私心沒有去除，所謂的利眾生也

12　慈誠羅珠仁波切《當心經遇上量子物理》，喇榮文化事業出版。

▶ 藍天白雲，經幡飄飄，生命淨純、自在內觀。

只是一種形式而已。

　　大乘佛法教導行者應具備菩提心，時時刻刻想著自己不能只是解決自己的問題而已，還包括對他人的責任。慈誠羅珠仁波切又說：「我要把自己如何斷除煩惱的心路歷程告訴別人，讓他們沿著我曾經走過的路去走，並最終獲得我現在的果位。這才是真正的利益眾生。」頂果欽哲法王也說：「對一切眾生有悲心是個起點。然後，你必須能把你的希望和願力付諸行動。但如同阿底峽尊者所說的：『以發心為準。』如果你的心時常充滿利他的動機，那麼不論你外在行為看似如何，行菩提心自會照管好自己。如果你能保持願菩提心，不僅永遠不會偏離正道，在修行道上也絕對會不斷進步。」經由智者們的經驗，我們能知道，面對問題所承擔的勇氣與智慧，能為他人和自己都帶來無上的利益與修行上的成果。

結語

這裡缺氧不缺智慧

親自走訪了一趟海拔 3,700 公尺的聖地，得到的結論就是「這裡缺氧不缺智慧」。

不論是 700 多年歷史的新龍烏金咕嚕寺，或世界最大佛學院的色達喇榮五明佛學院，都是千年藏傳佛教與西藏文化的縮影。雖然它們曾歷經滄桑，但在高僧大德與修行者們的努力之下，仍然讓它有如污泥中的蓮花散發著芬芳，開啟引領人們在濁世中通往智慧的大道。雖然這裡氣候嚴峻、交通不便、物資缺乏，宗教活動上仍有部分限制，但人們的精神生活相對富足，面對生活、生命的態度相當樂觀。

讓我比較感動的是藏族雖然平時隨興自在，對很多事物不會特別要求，但只要與宗教信仰有關的，例如戒律等，則一定會恪守並謹遵上師的教導。因此，在傳統藏區內很少發生像我們社會中所發生那些光怪陸離的無差別殺人事件或違反倫常的荒誕情事。所以這裡也很少見到我們所謂的「啃

老族」，多數的藏族年輕人都是在外地兢兢業業打拼。雖然
藏地年輕人已受到現代資本主義與工業化社會高度發展的影
響，開始走入都市文明，但多數仍在其傳統信仰的佑護與家
庭教育的關愛下不致偏離正途。

　　這裡的人們不像我們擁有如此富足便利的各種資材，但
他們卻擁有比我們富有的財富。這財富是豐富的精神生活、
樂活的生命態度、慢活的生活腳步，還有緊密可靠的人際關
係。人與人之間，彼此互信互助，形成一個緊密的網絡。即
使沒有網絡或電話偶有不通，一點也不會影響他們的生活。
他們不被任何外在的事物支配生活，自己的內心有一個完整
獨立的靈魂。我們卻在無意之中被所要求的生活品質給綁
架、被上網吃到飽的 4 G 手機給支配了人生。

　　我的這本書，是一本旅遊書，也可以算是佛學的入門
書。雖然主要是我個人朝聖、學習與修持的經驗分享，以及
介紹一些有成就的堪布、仁波切與讀者結緣。同時也希望透
過對生活的一些觀察與分享，能讓有相同問題或疑惑的人們
可以借由佛法的智慧與智者的引導，找到屬於自己心中的
聖地。

　　秉持著如意寶晉美彭措法王、慈誠羅珠仁波切、索達吉

仁波切等智者們的教導，這本書的寫作立場與精神是不分任
何派別，主要是希望能以一個較生活化、輕鬆的方式，與大
家一起思考生命的意義、佛法能帶給我們什麼、如何找到適
合自己的精神導師……

　　我們總是忙忙碌碌，忙著工作、生活、養兒育女，真正
留給自己聞、思、修的時間實在是少之又少。很少與自己對
話，問問自己：「你真的快樂嗎？這就是你要的人生嗎？」
我們總是為他人而活，活在他人的眼光與耳語之中，卻很少
去聽聽自己內在的聲音。又或是，我們總是為自己而活，而
忘了身邊那些需要關心的人們……

　　頂果欽哲法王說：「所有生物都不斷忙碌著。人們總是
忙著和其他人競爭、購物、販售、製造、破壞。鳥類總是忙
著築巢、孵蛋餵養雛鳥；蜜蜂總是忙於採蜜、釀蜜。而其他
動物也總是忙著進食、狩獵、警戒、養育下一代。你做的越
多，必須承擔的越多、倍增的艱困也越多……到頭來，你一
切辛勞困苦的結果，也不會比你用指頭在水上作畫長久。當
你承認這些無意義行為的挫折和徒勞時，就會清楚唯有修習
佛法才是真正值得去做的事。」頂果欽哲法王在《嗡嘛呢唄
美吽》書中如此提醒著我們。

正如同蓮花生大士的預言，藏傳佛教在這濁世之中已然扮演了舉足輕重的重要角色。事實與科學也都證明了佛教並不是迷信，藏傳佛教是來自印度的清淨傳承，而非有心人士欲抹黑的那般。雖然現在有很多附佛外道，或是舉著藏傳佛法旗幟但根本來歷不明的偽密宗，但真金畢竟經得起火煉，有判斷能力與知識的人們，都可以透過自己的觀察來選擇正信法門與具德師長。

「文明寫在你我臉上」，這是我在色達喇榮五明佛學院的廣場上所觀察到的。不論是藏人或外地來的遊人，他們心裡所思所想完全可從臉上顯露無遺。這裡由於外在環境資源的缺乏與不便，如果內心不夠安定，眼神即很容易洩露一個人的貪、嗔、癡。越是來自所謂文明地區的人，表情與情緒就越是豐富複雜。雖然在藏人中，也有一些被利益薰心的而欲求不滿的人。在這樣的時代中，我覺得更應該要有方法的去推廣藏傳佛法，畢竟它的傳承清淨，對於當前世人所遭遇的問題，能給予有利的幫助。藏傳佛法講求次第學習的方式，能讓修行者有穩固的基礎，並在其上有效率的前往目的地。

希望藉由這本書，可以讓法友們再一次審視自己，是否

有因為修持而越來越歡喜與滿足？如果沒有，問題可能是在哪裡？為何內心沒有改變？

　　朝聖行與這本書能順利完成，最主要要感謝龍迦仁波切的規劃及其藏區弟子們的大力協助，還有一起參與行程的成員們，您們豐富了我們的行程收獲，一起經歷了難忘的缺氧之旅。此外，還有同行家人的護持與照顧，能讓我無後顧之憂，一家人留下了一個美好的回憶。

　　此外，我希望經由此書的介紹，對於有興趣前往五明佛學院參訪的朋友們，可以安排一個稍長的假期到五明佛學院學習及體驗單純的無負擔生活。當然，不是以觀光走馬看花的方式，召告天下：「我來到世界最大佛學院！」而是真正的去觀察自己這個小宇宙與外在大宇宙間的關係，活著的目的與意義。能夠藉由這樣的機會，好好的與自己對話、認識自己。走出自己的安逸生活圈，改變習氣與溝通模式，在缺氧中找到豁達與快樂。

後記

書的最末，我想給旅人們一些小建議或提醒。

藏區現在正面臨一個傳統社會與資本主義都市化的矛盾衝擊點。佛教信仰深入藏族的日常生活，舉凡食、衣、住、行、育、樂皆離不開佛法。如果您想造訪藏地，不妨先對其文化的核心——藏傳佛教，能先有一些基本的認識與瞭解，包括一些需入境隨俗的習慣、當地的民風，避免觸犯他們的禁忌，以表示對當地文化的尊重。

應有之概念

寺院的僧人或在路上以大禮拜朝聖的行者們並不是乞丐，不需要逢人便給錢。如果您真的從他們身上獲得法益與感動，請真誠的獻上哈達與隨喜的供養。高原上天真無邪的孩童們亦是，可以多跟他們分享我們城市裡一些有趣的故事與文化，或是送給他們用得上的文具，千萬別用錢與高檔衣

服來填塞。這樣可能會帶來文化上的藐視，或只是顯露出自己見識的不足。他們雖然物資不像我們這般充裕，但不代表他們貧困與不快樂，千萬別用我們過度世俗的眼光與心態來看待他們長久以來的生活方式。也別把貪欲、無知、雜染帶進了這難得僅存的純潔之地。

　　如果您真心想要幫助這裡的人們改善生活與環境，可以參與一些寺院或學校的建設募款活動，認養一些孤苦無依的孩童或是定期捐款護持僧眾的學習與生活。有計劃性的挹注，真正的從根基去協助他們改善教育與文化的落實紮根。如何運用我們便利的科技，以不傷害他們原有的生活方式與傳統，讓他們能獲得外界資訊，進而能跟得上世界的脈絡與步伐。

　　如果遇到有婦女或小朋友來伸手跟您要錢，千萬別慌。一旦您拿出一張 1 元人民幣，其他更多的孩子，就像是聞到了錢的味道，一窩蜂便會衝過來，不一會兒您將口袋空空。這不是他們的問題，而是社會與觀光客不斷變相在改變他們。給錢並不能解決問題，而是應該透過教育來改變他們。這些孩子因為各自不同的原因，無法上學受完整教育，除了大人錯誤的引導，也因為沒有良好的學習的環境而導致錯誤

的行為。當然,許多佛教徒會非常掙扎自己不應該連施捨一點錢給他們都做不到,但布施的概念是一種捨心,需要有智慧來幫助他們。

須知

進入藏區,另有以下幾點事項提醒:

1. 準備足夠的現金,藏區內要找到提款機極不容易。
2. 如果想寄宿在僧眾或尼眾的屋中,不建議帶行李箱,因僧舍區的路況不佳且要走不少階梯,建議以背包較爲方便。
3. 食物常會先供佛再食用,吃飯前,特別是出家眾們皆會先持誦供養儀軌才開動。
4. 進入藏民家中,一般他們會爲到訪的客人獻上3杯青稞酒,客人爲表示對主人的尊敬,得一次喝下3杯酒。喝第一杯時,需以右手無名指沾酒向空中點灑3次,代表先禮敬三寶(佛、法、僧)。
5. 藏區多爲牧區,牧民以糌粑、手抓牛肉、饃饃(藏

式肉包）、湯麵爲主食，少見蔬食。如你是素食者，仍有炒青菜、土豆、蘑菇等可食用，但條件不比在漢地、城市方便，得多體諒或自行準備泡麵、乾糧。

6. 入境隨俗。夏天可穿較簡單的休閒運動服，以簡單樸素爲主。藏區因民風保守，且因高原氣候多變，女性朋友忌穿無袖背心與短褲、短裙，以免對僧眾不敬。

7. 由於藏區高原水資源珍貴有限，故賓館條件不如平地，可能無法每天洗澡、洗衣，棉被、枕頭也不如平地那般可隨時更換清洗，建議加鋪自己的睡袋以免不適應。

8. 進入寺院地區，勿攀爬及近拍佛塔。

9. 如有觀看天葬過程，千萬不能拍照，以表示對往生者的尊重。

10. 進入佛殿時，需脫帽及保持肅靜；有些佛殿甚至會需要脫鞋才能進入。

11. 一般而言，未經寺院僧人同意，不得隨意拍攝殿內佛像，他們的用意是希望能對佛像保持恭敬心並維

護某些上百年的珍貴文物佛像。

12. 進入寺院後，可依個人情況隨喜供養寺院及僧人，事先換好人民幣小鈔數張；佛教徒可事先準備哈達或酥油（供燈），入佛殿內可供養諸佛菩薩。

13. 在寺院及僧舍區勿大聲喧嘩、隨意拍照及觸、拍僧人的背、肩或勾搭手臂。

14. 參觀寺院及轉經方向皆由左至右。

15. 寺院內外常有許多藏族民眾會以等身大禮拜進行他們的修行與朝拜，可以遠遠拍攝他們，但千萬別拿著長鏡頭相機對著他們的臉猛拍，這是極不禮貌的行為。

其他建議

出發前，審慎評估自己的身體狀況是否適合前往高原旅行。至少 10 天前正常作息，睡眠充足不熬夜，不過度運動鍛鍊身體造成負擔。可每天飲用紅景天或服紅景天膠囊（藥房可買到），特別是生平第一次上高原的人，要特別注意出發前的保健工作。雖然夏天不易感冒，但避免空調或溫差所造

成的傷風感冒，一旦感冒未癒，不建議上高原。因為在高原上活動會加重病情，使高原反應更加明顯與痛苦，嚴重的話有可能造成肺積水。此外有心血管疾病及懷孕的人也不建議前往高原旅行。

在前往高原的車行途中，應保持輕鬆的心情。可以安靜欣賞風景，並隨著海拔升高調整呼吸，不急躁多語。

抵達高原後，應保持行動緩慢，不拿重物、不跑跳。可以睡個午覺以保持體力，並讓身體適應壓力後才開始行程。建議多吃水果、喝酥油茶，可以減緩高原反應、增加含氧量。若沒有胃口（會因氣壓大而吃不下東西），但又要保有體力，可吃純度高的巧克力會有不錯的效果。

若高原反應真的很明顯不舒服，可服用紅景天。嚴重時服用感冒藥可緩解頭痛、暈眩，但情況一有改善即需停用，以免傷身。若再無效，則需請人開車立即載往海拔較低之醫院就診。

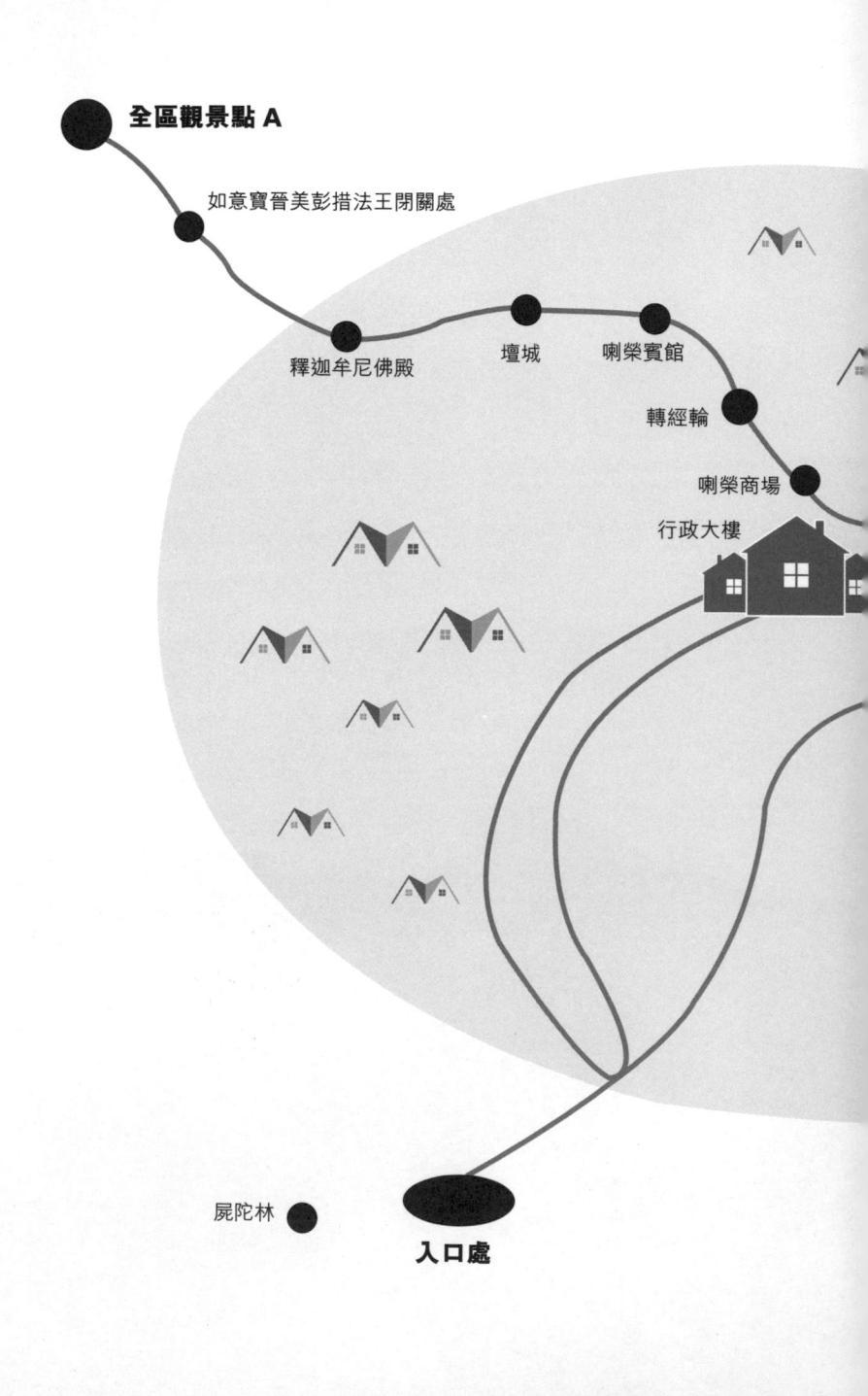

全區觀景點 A

如意寶晉美彭措法王閉關處

釋迦牟尼佛殿　　壇城　　喇榮賓館

轉經輪

喇榮商場

行政大樓

屍陀林

入口處

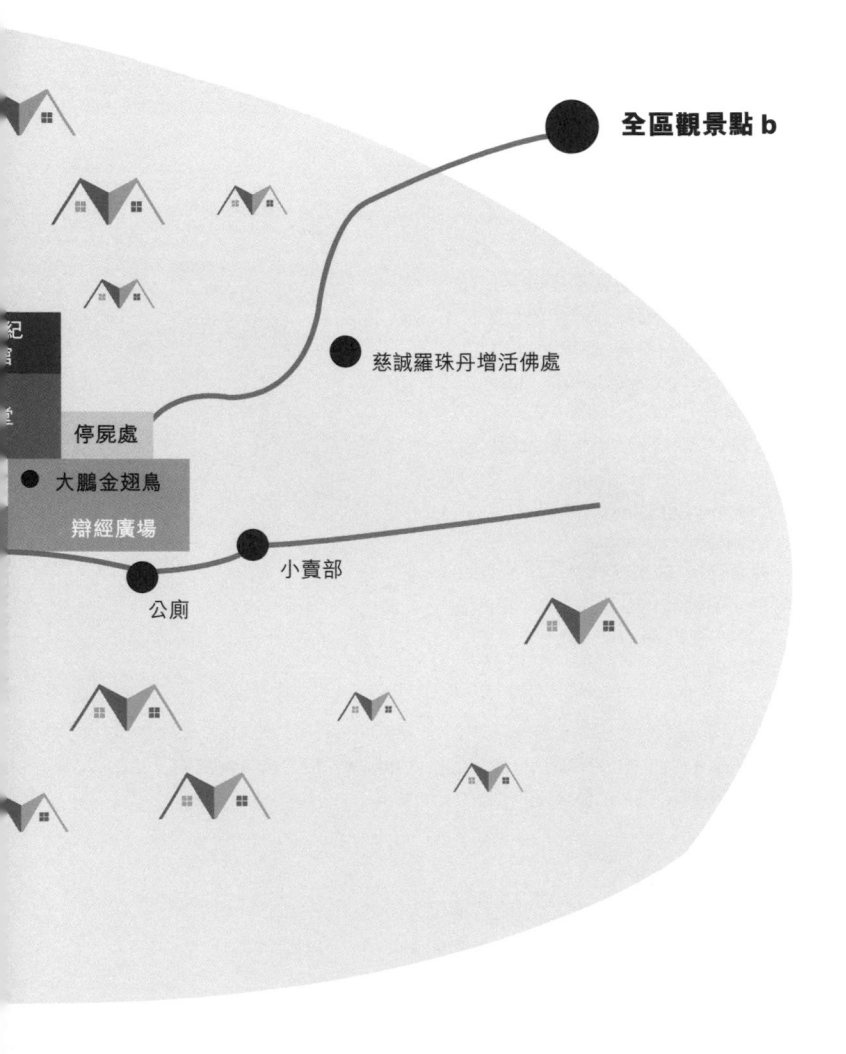

全區觀景點 b

慈誠羅珠丹增活佛處

停屍處

● 大鵬金翅鳥

辯經廣場

小賣部

公廁

◀ 五明佛學院主幹道示意圖。

人文旅遊 3030

智慧的山嶺：世界最大佛學院，五明佛學院朝聖之旅

作　　者──翁林澄、達娃拉姆（採訪撰文）
攝　　影──翁林宇、翁瑄
主　　編──李筱婷
美術設計──Eton Wu
內頁設計排版──李宜芝
執行企劃──廖婉婷
董 事 長
　　　　　──趙政岷
總 經 理
出 版 者──時報文化出版企業股份有限公司
　　　　　　10803台北市和平西路三段240號七樓
　　　　　　發行專線／（02）2306-6842
　　　　　　讀者服務專線／0800-231-705、（02）2304-7103
　　　　　　讀者服務傳真／（02）2304-6858
　　　　　　郵撥／1934-4724時報文化出版公司
　　　　　　信箱／台北郵政79～99信箱
時報悅讀網──http://www.readingtimes.com.tw
電子郵箱──books@readingtimes.com.tw
法律顧問──理律法律事務所 陳長文律師、李念祖律師
印　　刷──華展彩色印刷股份有限公司
初　　版──刷──二○一六年九月二日
定　　價──新台幣三二○元

時報文化出版公司成立於一九七五年，
並於一九九九年股票上櫃公開發行，於二○○八年脫離中時集團非屬旺中，
以「尊重智慧與創意的文化事業」為信念。

國家圖書館出版品預行編目資料

智慧的山嶺：世界最大佛學院，五明佛學院朝聖之旅 / 翁林澄；達娃拉姆
（採訪撰文）. -- 初版. -- 臺北市：時報文化, 2016.09
　面；　公分. -- (人文旅遊；3030)

ISBN 978-957-13-6776-7(平裝)

1.五明佛學院　2.佛教教育

224.23　　　　　　　　　　　　　　　105015976

ISBN 978-957-13-6776-7
Printed in Taiwan